미래 세대를 위한 코딩 교육: **변화하는 시대의 자녀 교육법**

내가 살아보지 못한 세상을 살아갈 우리 아이를 위한

코딩 교육 지침서

Coding Education Guidebook

전흥석 지음

저자소개

전흥석

- 현재 건국대학교 컴퓨터공학과 교수
- 현재 건국대학교 산학협력단장
- 건국대학교 과학기술대학 학장 역임
- 건국대학교 교양대학 학장 역임

미래 세대를 위한 코딩 교육: **변화하는 시대의 자녀 교육법**

내가 살아보지 못한 세상을 살아갈 우리 아이를 위한

코딩 교육 지침서

인 쇄: 2025년 1월 10일 초판 1쇄
발 행: 2025년 1월 20일 초판 1쇄

저 자: 전흥석
발행인: 송 준
발행처: 도서출판 홍릉
주 소: 01093 서울시 강북구 인수봉로 50길 10
등 록: 1976년 10월 21일 제5-66호

전 화: 02-999-2274~5, 903-7037
팩 스: 02-905-6729
e-mail: hongpub@hongpub.co.kr
http://www.hongpub.co.kr
ISBN: 979-11-5600-252-9(93560)

정 가: 15,000원

"이 저서는 2023년도 건국대학교 교내연구비 지원에 의한 결과임"

미래 세대를 위한 코딩 교육: **변화하는 시대의 자녀 교육법**

내가 살아보지 못한 세상을 살아갈 우리 아이를 위한

코딩 교육 지침서

Coding Education Guidebook

전흥석 지음

도서출판 홍릉

들어가면서

내 나이 10살쯤, 강원도 정선 산골에서 자라던 어느 겨울날이었다. 동네 강가에서 타고 놀 썰매를 만들고 있을 때의 일이다. 썰매는 널따란 나무판자 아래에 각목 두 개를 붙이고, 각목 중앙에 굵은 철사로 날을 만드는 것이었다. 물론 이때에도 굵은 철사 대신에 톱날을 사용한 고급 썰매는 요즘 아이들이 원하는 플레이스테이션보다 더 갖고 싶은 선망의 대상이었다.

어느 날 나름대로 썰매를 만들고 있었는데, 어린 나이에 널따랗게 나무 판대기를 만들기 위해 톱질을 하고, 각목에 철사를 박는 일은 쉬운 일이 아니었다. 망치질을 잘못하여 손가락을 찧기도 하고, 철사에 찔리기도 하며 많은 어려움을 겪었다. 이전에 타던 썰매는 아버지나 형들이 만들어 주었지만, 하필 이날은 주위에 아무도 없었다. 나는 아버지가 썰매를 만드시던 모습을 본 기억하며 혼자 만들어 보고자 덤벼들었다.

나무판을 톱질하고, 철사를 구하고, 각목을 붙이는 일은 진행되었지만, 각목에 철사 박는 일이 쉽지 않았다. 적당히 휘어서 한쪽 끝에 박고, 철사를 휘어 각목 위에 정렬한 후 나머지 한쪽 끝 철사를 각목의 반대편에 고정하는 일이 여간 쉽지 않았다. 헛 망치질을 하거나 손가락을 때려 왼손 엄지와 중지는 피가 나거나 검은 피가 고였다. 철사는 원하는 위치에 박히지 않고 자꾸 삐딱하게 휘어지거나 목적지를 벗어났다. 힘들고 아프기도 했지만 포기할 수 없었다.

눈물이 핑 돌아 주위를 돌아보는데, 어느새 오셨는지, 아버지와 작은아버지가 저만치서 나를 보고 있었다. 잠시 지켜보시더니 내가 처량한 모습으로 두 분을 쳐다보자, 인정 많은 작은아버지가 달려와 나를 도와주시려고 하셨다. 그런데, 아버지는 작은아버지를 한 손으로 막아 제지하시며 말씀하셨다.

"내버려 둬, 할 수 있을 거야"

어린 마음에 그 말씀을 듣고 어른들의 도움을 포기한 채 어렵게 혼자 썰매를 결국 완성했다.

아버지는 지금 비록 돌아가셨지만, 인생을 살면서 나에게 힘든 일이 생길 때면, 이때의 일이 떠오른다. 나를 믿어주셨던 아버지, 내가 해낼 수 있다는 것을, 아니 혼자의 힘으로 해내기를 바라셨던 아버지의 마음이 나에게 스며들었다. 어느덧 몇 년을 함께 살아온 내 아내가 나를 보며 당신은 어떤 어려움이 생겨도 헤치고 나가서 살아나갈 것 같다고, 그래서 든든하다고 말한 적이 있었다.

나는 이제 나의 아들에게, 나의 딸에게 똑같은 경험을 하게 해주고 싶다. 내가 너희들의 인생을 대신 살아줄 수 없기에, 너희들에게 어떠한 어려움도 현명하게 헤쳐 나갈 수 있는 자신감과 용기를 불어넣어주고 싶다.

그렇게 하는 데 필요한 것은 아주 어려운 일이 아니다. 단지 자식이 아주 작은 일을 혼자 해낼 수 있을 것이라는 말 한마디만으로 이루어질 수 있다는 가르침을 주신 나의 아버지를 생각하며…

목차

목차

내가 살아보지 못한 세상을 살아갈 아이들

안녕하세요. 건국대학교에서 근무하고 있는 전홍석 교수입니다.

요즘 아이들 키우는 것 어떠세요? 행복하신가요? 힘드신가요?

아마 아이들을 키우면서 좋은 일들도 많지만 힘든 부분도 많으실거라 생각됩니다. 저도 결혼 후 아이 둘을 키우면서 많은 어려움을 겪었습니다. 처음 부모 역할을 하면서 겪는 당연한 어려움이지만, 저희 부부가 각각 본가로부터 독립하여 둘이서 어설프게 육아를 하다 보니 가끔은 할아버지, 할머니와 함께 키우면 훨씬 좋겠다는 생각을 했습니다. 할아버지, 할머니에게 아이를 맡기고 부부가 외출하는 커플들을 보면 부럽기도 했습니다.

그런데 지금 생각해보면 요즘 자녀 교육이 힘든 본질적인 이유는 그게 아니라는 생각이 듭니다. 요즘 세상에 자녀 교육이 힘든 이유는 내가 살아온 시대와 다른 시대에서 살아갈 아이들을 내가 기르기 때문이라고 생각합니다. 조선 시대와 같은 아주 먼 과거 시대에는 지금보다 문명이 훨씬 덜 발달했음에도 불구하고 지금보다 아이를 기르는것이 훨씬 쉬웠을 것입니다. 그것은 아이가 커서 살아갈 시대를 이미 부모도 경험해 보았고, 조부모도 잘 알고 있기 때문입니다. 제기를 차고, 연을 날리고, 길쌈을 하고, 사서삼경을 공부하는 일들에 아이보다는 부모가, 부모보다는 조부모가 훨씬 지식과 경험이 많습니다. 그러기에 집안에서 할아버지는 존경을 받고 가끔 노하우를 전수해주기도 하셨겠지요.

그런데, 지금 시대에 과연 할아버지가 아이들의 놀이에 조언을 해주실 수 있으실까요? 롤(LOL)이나 배틀그라운드 같은 게임 이름조차 알고 계신 분은 많지 않으실 것입니다. 그러기에 아이들은 용돈 주시는 할아버지는 좋아하지만, 자기가 생각하고 느끼는 문화적인 부분들에 대한 공감을 한다고 생각하지는 않을 것입니다.

이것은 세대 간 문화의 단절입니다. 아이들의 잘못도 아니고, 할아버지의 잘못도 아닙니다. 역사적인 패러다임의 변화 때문에 자연스러운 것이지요. 과거에는 이러한 사회적 패러다임이 서서히 변해왔지만, 최근에는 매우 빠르게 변화하고 있고, 앞으로는 더욱 빨라질 것입니다. 우리 아이들은 분명히 우리가 살아온 시대와는 다른 가치를 갖는 새로운 시대에 살아가게 될 것입니다. 그러기에 아이에게 영어 학원을 보내야 할지, 코딩 교육을 시켜야 할지 확신이 들지 않는 것입니다. 불안하기에 옆집 아이 눈치를 보게 되고, 남들이 좋다는 학원에 아이가 싫다고 해도 강제로 보낼 수밖에 없는 것입니다.

모든 사회는 역사적으로 조금씩 변화합니다. 기존의 문화가 조금씩 사라지고, 새로운 문화가 어느 날 조금씩 나타나게 됩니다. 새로운 문화는 대체로 기성세대보다는 젊은 세대들이 빠르게 받아들이게 됩니다.

중세 시대에 책이라는 미디어가 처음 등장했을 때의 일입니다. 책이라는 것이 없던 세상에서 젊은 세대가 새로운 지식을 배우는 것은 기성세대로부터 구두로 지식과 경험에 대한 교육을 받는 방법뿐이 없었습니다. 그런데 어느 순간 아이들이 활자화된 책을 접하게 되었고, 금세 책에 빠지게 되었습니다. 어른들은 그게 무엇인지 모르니까 불안할 수밖에 없었죠. 그런데 아이들이 책을 읽으면서 끼니도 거르고, 밤도 새우면서 사회적인 문제가 되었답니다. 만약 요즘 아이들이 책을 이렇게 읽는다면 부모님들의 반응은 어떨까요? 아마 모르긴 해도 아이들의 건강이 걱정되면서도 흐뭇한 마음을 감추실 수 없을 것입니다. 속으로 '저 놈이 얼마나 훌륭하게 되려고 그러나?' 하면서 입가에 미소를 지으실 것입니다. 그런데 만일 아이들이 책 대신 컴퓨터 앞에서 그런 모습을 보이면 어떨까요? 아마도 정반대의 생각이 드실 것입니다. 공부를 소홀히 하는 것 같고, 나쁜 물이 들지는 않을까 하는 걱정이 되실 것입니다. 중세시대의 부모님들이 아마 그런 마음이 들었을 것입니다. 책 속의 스토리를 현실에서 이야기하고 흉내 내는 모습에 현실 세계와 가상 세계를 구분하지 못한다고 염려했고, 책에 중독된다고 사회적 문제를 제기하였을 것입니다. 이러한 현상을 풍자해서 나온 소설이 동키호

테라고 합니다. 공상 속의 자아와 현실의 자아를 구분하지 못하는 주인공의 모습을 그려내었죠.

이렇게 시대는 변해갈 것이고, 더더욱 빨리 변해갈 것이기에 부모님들은, 교육을 담당하고 있는 선생님들은 불안해질 수밖에 없습니다. 이제는 어른들에게 물어보아도 답을 알 수 없습니다. 저는 가끔 대학에서 학생들과 진로 상담을 할 때면 농담 같은 진심으로 부모님의 생각과 다른 선택을 하는 것이 좋을 것이라고 조언을 해주기도 합니다.

아이들이 공부를 잘하면 좋겠지만 굳이 공부가 전부라고 생각하지는 않습니다. 운동을 잘하는 아이들은 운동선수로, 음악을 잘하는 아이는 음악가로, 미술을 잘하는 아이는 미술가로 성장할 수 있도록 해주는 것이 필요합니다. 아이가 가진 특성과 장점을 잘 살려서 이 시대가 필요로 하는 인재가 되어 자기 몫을 잘 해내면서 성취감도 느끼고 행복하게 잘 살아가도록 하는 것이 부모의 마음이고 역할일 것입니다.

그러기 위해서는 아이들이 살아갈 세상이 어떤 세상일지, 어떤 인재를 필요로 할지 알아야 합니다. 최근 소위 4차산업혁명시대가 우리의 미래라고 많이들 이야기하는데, 과연 이러한 미래 시대에 우리 아이들은 어떤 능력을 갖추어야 할지 고민해보아야 합니다. 그것이 제가 이 책에서 여러분과 함께 나누고 싶은 가장 중요한 이야기입니다.

부모님들이 자녀 교육에 대한 확신을 갖고, 아이들이 미래 사회에서 필요한 역량을 키울 수 있도록 돕는 것이 중요합니다. 앞으로의 장에서, 자녀들이 21세기에서 성공적으로 살아가기 위해 필요한 코딩 교육의 중요성과 방법을 자세히 설명드리겠습니다.

이 책이 부모님들에게 자녀 교육에 대한 확신과 도움을 줄 수 있기를 바랍니다.

CHAPTER

01 코딩교육을 왜 해야 할까요?

코딩이란?

"코딩"에 대한 정의를 사전에서 찾아보면 다음과 같습니다.

✚ 네이버사전

✓ 작업의 흐름에 따라 프로그램 언어의 명령문을 써서 프로그램을 작성하는 일.

✓ 프로그램의 코드를 작성하는 일

✚ 나무위키

하나 이상의 관련된 추상 알고리즘을 특정한 프로그래밍 언어를 이용해 구체적인 컴퓨터 프로그램으로 구현하는 기술을 말한다.

이러한 사전적인 정의는 컴퓨터 프로그램을 직접 작성해보지 않으면 무슨 말인지 쉽게 이해하기가 어렵습니다. 간단히 설명하자면, 코딩은 우리가 컴퓨터에게 일을 시키기 위해 프로그램 명령을 작성하는 과정입니다.

프로그래머가 소프트웨어를 개발할 경우에는 개발할 소프트웨어에 대한 기획을 하고, 자세한 설계를 한 뒤 특정한 프로그래밍 언어를 이용하여 구현을 하게 됩니다.

기획 단계는 어떤 소프트웨어를 개발할까를 결정하는 단계입니다. 이것은 창의적으로 정할 수도 있고, 고객이 원하는 것을 만들어주기도 합니다.

설계 단계는 개발할 소프트웨어에 대한 내부적인 설계를 하는 단계입니다. 전체적인 시스템 구성을 설계하기도 하고, 프로그램에 사용할 자료구조나 알고리즘을 설계하기도 합니다. 집을 짓기 위해 설계도를 작성하는 것과 같은 과정입니다.

구현단계는 설계된 대로 Java나 C언어와 같은 특정 프로그래밍 언어를 이용하여 실제로 프로그램을 만드는 단계입니다. 이 단계를 프로그래머는 코딩한다고 합니다.

검사 단계는 개발된 소프트웨어가 기획한 내용을 정확히 구현했는지와 오류 여부를 확인하는 단계입니다. 검사 단계를 마치면 개발된 소프트웨어를 배포하여 일반 사용자들이 사용하게 되는 것이지요.

이렇게 코딩의 의미를 사전적으로만 해석하면 소프트웨어 개발 단계 중의 하나로 매우 협소하게 됩니다. 이를 있는 그대로 받아들여 코딩 교육을 소프트웨어 개발 교육으로 받아들이고, 실천하기도 합니다. 4차 산업혁명시대에는 소프트웨어가 많이 활용되기에 누구든 소프트웨어를 개발할 수 있는 능력이 있어야 한다며 이를 홍보하고 어려운 프로그래밍 언어를 가르치는 학원이 많이 늘기도 하였습니다. 학부모나 아이들도 처음에는 우리 아이도 배워야 하나 보다 하고 시도해 보기도 하지만, 어렵기만 하고, 진로 방향이 다를 경우에는 포기하게 되는 경우도 많습니다.

그러나 코딩교육은 기술적으로 해석해서는 안 됩니다. 오히려 코딩 교육의 정의는 기술적으로 정의할 것이 아니라 사회적인 변화에서 넓게 해석되어야 합니다.

과거의 인재상 – 지식습득역량

대부분의 부모님들은 자식이 공부를 잘하기를 원합니다. 공부를 잘해서 좋은 대학에 입학하고, 좋은 일자리를 얻기를 원하지요. 하지만, 공부를 잘한다는 것은 정확히 무엇을 의미할까요? 어떤 능력이 있어야 할까요? 공부를 잘하기 위해서는 학교 시험에서 좋은 점수를 받아야 하는데, 좋은 점수를 받기 위해서는 어떤 능력이 있어야 하나요?

과거에는 공부를 잘하기 위해서는 지식습득역량이 필요했습니다. 60년대, 70년대에는 우리나라가 개발도상국이었기 때문에 선진국의 발달 된 지식과 기술이 필요했습니다. 새로운 지식을 빨리 습득하여 우리나라 발전에 기여할 수 있는 사람들이 우리나라의 리더 역할을 수행하게 됩니다. 그래서 지식을 빨리 이해하고, 암기하는 것이 중요한 능력이었지요. 지금은 이러한 가치를 주입식 암기교육이라고 비판하지만 그 당시 사회에는 꼭 필요한 능력이었습니다. 그래서 잘 외우는 사람이 좋은 대학을 갈 수 있었고, 좋은 직장을 구할 수 있었습니다.

문해력 (Literacy)

물론 지식습득역량은 지금도 여전히 중요한 역량입니다. 그런데 지식을 잘 습득하기 위해서는 어떤 힘이 있어야 할까요? 그것을 우리는 문해력(Literacy)이라고 합니다. 문장 해독 능력. 어려운 문장을 읽고 이해할 수 있는 힘. 그것이 학습의 가장 기본적인 능력입니다. 문해력이 있어야 지식을 잘 습득할 수 있는 것입니다.

이러한 문해력은 어떻게 기를 수 있을까요?

문해력을 향상하기 위해서는 독서교육이 매우 중요한 역할을 합니다. 물론 많은 부모님들은 이미 독서교육의 중요성을 잘 알고 계실 것입니다. 그러기에 어렸을 때부터 책을 사주고, 밤마다 잠자리에서 몇십 권씩 옆에 쌓아두고 목이 쉬어라 읽어주고 계시지요.

그런데 처음에는 아이들이 책을 읽기 어려우니까 많이 읽어주지만, 점차 자라면서 스스로 읽도록 하는 훈련이 필요합니다. 스스로 읽지 않고 부모가 읽어주기만 한 아이들은 스스로 어려운 문장을 읽고 이해하는 능력이 부족하게 됩니다. 실제로 똑같은 문장을 아이들에게 스스로 읽어 보라고 하면 무슨 뜻인지 이해 못 하면서 옆에서 읽어주면 이해를 하게 되는 실험 결과도 있습니다. 특히 요즘 아이들은 자라면서 학원이나 과외에서 남이 읽어주는 교육을 많이 받습니다. 선생님이 설명해주고, 중요한 것을 알려주고 외우라고 하면 달달 외워서 학교 시험에서 좋은 성적을 받기도 합니다. 이러한 성취는 학년이 올라가면서 점점 한계에 다다르게 됩니다. 고등학교에 가면 어려운 물리, 화학, 수학 등 어려운 지식을 스스로 이해하고 중요한 부분을 파악하는 능력이 필요한데, 학원에만 의존한 교육을 받은 아이들은 자기주도학습능력이 부족해질 수 있습니다. 인터넷 강의를 듣거나 과외를 받으면 이해가 되는데 스스로 책을 읽어서 이해할 수가 없으니까 공부가 힘들어지는 것이지요. 그래서 독서교육에서 스스로 읽게 하는 능력은 중요합니다.

결론적으로 저는 아이들에게 책을 읽힐 때 3분의 1은 부모가 읽어주고, 3분의 1은 아이들 스스로 읽게 하고, 또 3분의 1은 책에 씌어져 있는 스토리가 아닌 아이들의 상상력을 발휘한 새로운 스토리를 만들어보게 하는 교육이 필요하다고 권하고 싶습니다. 새로운 스토리를 만들어보는 노력이 필요한 이유는 이 책 후반부에서 다시 이야기 하겠습니다.

정보문해력 (software literacy)

이렇게 문해력은 지식습득역량을 향상하기에 꼭 필요한 기초학습역량이고 중요한 능력입니다.

그런데 최근에는 사회가 변화하면서 새로운 지식을 습득하는 주요 방법이 책뿐만 아니라 다양한 매체로 확대되고 있습니다. 예전에는 모르는 지식을 알아보기 위해서는 백과사전을 뒤지고, 도서관을 찾아 문헌을 찾고 했지만, 과연 요즘에는 어떤가요? 요즘에는 책보다는 네이버와 구글과 같은 인터넷 포탈을 이용해 검색하게 됩니다. 최근에는 새로운 정보를 습득하기 위하여 유튜브를 가장 많이 활용한다는 조사 통계도 있습니다. 즉 지식을 습득할 수 있는 미디어가 변화하고 있는 것이지요.

이러한 새로운 미디어들의 공통점들은 이것들이 소프트웨어로 이루어졌다는 것입니다. 소프트웨어라고 하는 것은 세상에 필요한 다양한 것들을 컴퓨터 프로그래밍 언어를 이용해서 만들어낸 결과물들인 것이지요. 요즘은 컴퓨터를 활용하지 않고 할 수 있는 일들이 별로 없습니다. 나의 직업을 위해서라도 컴퓨터가 필요하고, 여가 생활을 위해서라도 소프트웨어를 활용하게 됩니다. 가정의 일상적인 가전에도 소프트웨어가 내장되어 있습니다. 그러므로 소프트웨어를 이해하지 못하고는 새로운 지식을 습득하는 것이 어려워졌습니다.

그래서 소프트웨어로 만들어진 세상에서 내가 필요한 지식을 습득할 수 있는 새로운 능력이 필요하게 되었습니다. 그것을 정보문해력(software literacy)라고 합니다. 앞으로의 세상에서 사회에 잘 적응해서 살아가기 위해서는 소프트웨어를 통해 새로운 지식을 잘 습득하고, 때로는 소프트웨어를 이용해서 새로운 지식을 생성할 수 있는 능력이 필요한 것입니다. 이를 위해 코딩 교육이 필요한 것입니다.

그런데 많은 사람들이 코딩 교육을 잘못 이해해서 직업교육이고, 진로교육이라고 생각하는 경우들이 있습니다. 코딩 교육은 직업교육이나 진로교육이 아닌, 기초 학업 역량을 향상시키기 위한 교육이라는 점을 명심해야 합니다.

사회적으로 코딩 교육이 필요하다고 하니까 사교육 시장에서 이를 위한 상품들이 만들어지고 정규 교육과정에도 코딩 교육이 이루어지는데 코딩 교육을 잘 못 이해해서 지식 교육으로 이루어지는 경우들이 많습니다. 스크래치나 엔트리와 같은 코딩 교육 도구들을 이용해서 아이들의 지식 습득 역량을 가르쳐야 하는데 스크래치나 엔트리가 가지고 있는 엄청나게 많은 기능적 지식을 가르치는 경우가 많습니다. 회사에서는 자기 회사의 코딩 교구를 만들고 그 교구를 잘 활용할 수 있으면 자격증을 발행해주기도 합니다. 이러한 것들은 코딩교육이 아이들에게 필요한 이유를 잘못 이해해서입니다. 이런 교육을 받다 보면 아이들도 어려운 코딩 도구들을 습득하는데 힘들어하게 되고, 코딩이 어렵다는 인식을 하게 됩니다.

나는 축구 선수가 될 건데 왜 코딩을 해야 하나요? 나는 화가가 될 건데 왜 코딩을 해야 하나요? 안 할래요!!

코딩 교육은 지식 교육이 아니라 도구로써 활용해야 합니다. 코딩 도구 자체가 가진 지식을 배우는 것이 아니라 코딩 도구들을 이용해서 새로운 지식을 습득하고, 자신의 생각을 정리하고, 표현할 수 있는 도구여야 합니다. 아이들의 상상력과 사고력을 높이는 도구로써 활용되어야 합니다. 코딩 교육은 진로 교육이 아니라 기초 학업 역량을 향상시키기 위한 교육입니다. 미래 시대의 시민으로서 당당히 살아갈 수 있게 하는 시민 기초 필수 교육입니다. 음악가가 될 아이도, 미술가가 될 아이도 이 시대의 시민으로서 역할을 수행해야 하고, 자녀를 돌보아야 하고, 소프트웨어로 이루어진 세상에서 살아가야하기 때문에 꼭 필요한 것입니다.

그래서 코딩 교육은 교육자의 역할이 매우 중요합니다. 교육자가 코딩 교육이 필요한 이유를 명확히 이해하고, 이를 달성하기 위한 구체적인 교육 과정과 교육 방법을 수립해야 합니다. 막연히 교구 회사에서 제공해주는 매뉴얼대로 가르쳐서는 안 됩니다. 코딩 도구가 가지고 있는 지식을 주입하려고 해서는 안 됩니다. 처음 배우는 아이들에게 C언어 같은 것을 가르치면 안 됩니다.

정리하자면 코딩 교육은 아이들이 의사소통이 가능해지면서부터 교육할 수 있고, 어떤 도구를 활용하든 간단한 도구의 활용법을 배우고, 이를 통해 새로운 정보 습득, 저장, 표현, 생성 등을 할 수 있도록 교육되어야 합니다. 나중에 설명하겠지만 코딩 교육의 목표는 알파고를 만드는 것이 아니라 알파고가 할 수 없는 것을 상상하고 만들 수 있는 능력을 키우기 위해 필요한 것입니다.

문제해결능력

이렇게 지식습득능력은 문해력을 바탕으로 새로운 지식을 스스로 습득할 수 있는 자기주도학습 능력에 중요한 역할을 합니다. 그런데 언제부터인가 이를 주입식 암기교육이라는 약간은 부정적인 표현으로 전달되고 있습니다. 이는 더 이상 지식습득능력만으로는 이 시대의 리더가 되기에는 부족하다는 의미를 담고 있습니다. 이것은 우리나라가 경제 성장을 이루고, OECD에 가입하며 선진국의 반열에 들어섰기 때문입니다. 발달된 선진국의 지식을 습득하는 것이 아니라 우리도 이제 선진국으로서 새로운 지식을 생성해야 하고, 또한 할 수 있음을 나타내기도 합니다.

또한, 3차 산업혁명으로 일컫는 정보화의 영향이기도 합니다. 과거에는 누가 더 많은 지식과 정보를 암기하고 있느냐가 중요했는데 이제는 그럴 필요가 없어졌습니다. 컴퓨터에, 데이터베이스에, 클라우드에 더 많은 정보가 저장될 수 있고, 필요한 정보는 검색을 통해서 알아내면 되기 때문입니다. 그러기에 암기를 할 필요 없이, 노트북만, 스마트폰만 가지고 있으면 되는 세상이 되었습니다.

이즈음부터 새로운 능력이 사회적으로 요구되는데 문제해결 능력이 바로 그것입니다. 우리가 직면한 문제를 해결하기 위해 보유한 지식을 활용하는 능력이 중요해졌습니다.

문제해결능력을 강화하기 위하여 수학과 과학 교과목의 중요성이 강조되기 시작했습니다. 학교에서는 다른 과목보다 더 많은 시간을 수학과 과학에 배정하게 됩니다. 대부분의 중고등생들은 수학 과외는 필수라는 생각을 하게 됩니다. 수학을 잘 하고 역사를 못하면 머리는 좋은데 단순 암기를 못하는 학생이라고 판정되고, 역사를 잘하고 수학을 못하면 외우는 것만 잘하고 응용 능력이 부족한 학생이라는 판정이 내려집니다. 실제로 대학에서 학생들을 선발할 때에도 수학 성적은 중요한 잣대로 평가되어지기도 합니다.

수학과 과학을 잘하는 학생들이 문제해결능력이 있다는 인식이 확산되면서 국가적으로도 이러한 학생들을 과학고와 영재고에 선발하여 수학과 과학에 집중하여 문제해결능력을 키우는 교육이 이루어집니다.

또한 이러한 학생들이 지속적으로 문제해결능력을 강화할 수 있도록 정부에서는 과학기술원을 만들어 수학 과학 지식을 바탕으로 하는 다양한 사회 문제를 연구하기 위한 연구 활동을 지속하게 됩니다. 대체로 이러한 학교들은 도심지와는 떨어진 시골 혹은 외곽 지역에 위치하면서 좋은 교육과 연구 환경을 갖추고 학생들이 오로지 학문에 집중할 수 있도록 해줍니다.

실제로 이러한 교육을 받은 학생들은 훌륭한 과학자가 되어 우리나라의 과학 기술 발전에 많은 기여를 하고 있습니다. 우리나라를 IT 강국으로 만들었고, 생명과학 분야에서 괄목할 만한 세계적인 연구 결과를 가져오기도 했습니다.

4차산업혁명의 등장

그런데, 어느 순간 이러한 문제해결능력이라는 인재상도 한계에 부딪히고 맙니다. 2016년 3월 9일부터 15일까지, 총 5회에 걸쳐 서울에서 진행된 이세돌과 알파고(AlphaGo) 간의 바둑 대결이 그것입니다. 바둑은 인간이 가지고 있는 가장 어려운 게임으로 알려져 있었고, 그동안 많은 시도가 있었지만 결코 기계가 사람을 이기지 못할 것으로 인식되고 있었습니다. 그런데 최종 결과는 알파고가 4승 1패로 이세돌에게 승리하였다는 것입니다.

더욱 중요한 것은 알파고가 사람들이 생각할 수 없었던 전혀 새로운 수, 즉 새로운 문제해결방법을 제시하였다는 것입니다. 이제 사람보다 기계가, 인공지능이 더 문제해결을 잘하는 세상이 올 수 있다는 생각을 하게 된 것입니다. 흔히 말하는 4차 산업혁명시대의 서막이 울린 것입니다.

많은 사람들이 4차 산업혁명 시대에 관해서 말합니다. 2016년 다보스 포럼에서 처음 언급된 이후로 4차 산업혁명 시대는 우리의 미래로 인식되고 있습니다. 4차 산업혁명은 정보통신 기술의 융합으로 이루어지는 시대를 말합니다. 빅데이터, 인공지능, 로봇공학, 사물인터넷, 드론, 3D프린팅, 나노기술 등 다양한 과학 기술들이 고도로 발달하고, 이러한 기술들이 서로 융합하여 기존과는 전혀 다른 새로운 가치를 만들어내는 시대를 말합니다. 기존의 많은 직업들이 사라지고, 전혀 새로운 직업이 등장하게 될 것이라고 말합니다.

그런데 주의할 부분이 있습니다. 이러한 4차 산업혁명시대에는 인간이 지금보다 더 행복해질까요? 불행히도 저는 아니라고 생각합니다. 저는 4차 산업혁명시대에 직업이 사라지는 이유는 로봇과 인공지능 때문이라고 생각합니다. 사람들이 하던 육체노동은 로봇이 대체하게 될 것이고, 흔히들 화이트칼라가 담당하는 정신노동은 인공지능이 대체하게 될 것입니다. 이미 지금도 사회 도처에서 사람이 하던 일들을 무인 시스템이 대체하는 현상이 나타나고 있습니다.

그러면 로봇과 인공지능에게 일을 빼앗긴 사람들은 어떻게 해야 할까요? 물론 흔히들 말하는 것처럼 새로운 직업을 가져야 합니다.

그런데, 과연 새로운 직업은 누가 만들어줄까요? 기업이 만들어줄까요? 아닙니다. 절대로 아닙니다. 기업은 이윤을 추구하는 조직입니다. 기업은 기존에 사람이 하던 일들을 점점 더 기계와 인공지능으로 대체할 뿐 사람을 위해 새로운 일을 만들어주지 못할 것입니다. 과거에 어느 기업은 사람이 기업의 가장 중요한 자산이라고 공언했지만 더 이상 그렇지 못합니다. 이제 기업의 가장 중요한 자산은 기계라는 보고서들이 많이 발표되고 있습니다.

그럼 새로운 일자리를 정부가 만들어줄까요? 아마 정부는 그러고 싶을 것입니다. 실업률을 낮추기 위하여, 국민의 지지를 더 얻기 위해서 그러고 싶을 것입니다. 그러나 정부는 구조적으로 그런 능력을 갖추고 있지 못합니다. 기껏해야 정책적으로 기존의 일자리를 서로 나누고, 산불 감시나 거리 정화 등 복지 차원의 저임금 일자리를 억지로 만들 뿐입니다. 공무원의 수를 늘리는 것도 가능한 방법이지만 이는 결국 국민 세금의 증가로 돌아올 뿐입니다.

그럼 4차 산업혁명시대에는 도대체 누가 새로운 일자리를 만들어 줄까요? 아무도 없습니다. 아무도 우리 아이들을 대신해서 새로운 일자리를 만들어 주지 않습니다. 우리 아이들이 스스로 만들어야 합니다. 스스로 새로운 일자리를 만들지 못하면 결국 정부에서 만들어주는 복지 혜택을 받으며 근근히 살아가야 할 것입니다. 그래서 4차 산업혁명시대가 되면 지금보다 더 빈부의 격차가 커질 것이라고 예견되고 있습니다. 지금보다 더 실업률이 높아지고, 극빈층의 비율이 많아질 것이라고 합니다.

문제제시능력

그래서 이제는 새로운 교육이 요구되고 있습니다. 더 이상 문제해결 능력만으로는 새로운 시대에 적응하기 어렵다는 반성이 이루어지고 있습니다. 문제해결 능력은 이전에 언급한 것처럼 학습된 지식을 바탕으로 주어진 문제를 해결할 수 있는 능력입니다. 이는 누군가가 문제를 준다는 의미이고, 학생들은 주어진 문제를 해결할 뿐이라는 것입니다. 그런데 이제 나보다 문제를 더 잘 해결할 수 있는 기계가 나타났기 때문에 문제해결을 잘하는 사람도 회사에서 쫓겨나게 되고, 사회의 리더 역할을 하지 못하게 됩니다. 수학 과학만 잘하면 훌륭한 사람이 될 줄 알았는데 이제는 더 이상 그렇지 않게 될 것입니다. 과학고, 영재고를 나오고, 과학기술원을 나온 우리의 영재들도 더 이상 기존의 선배들처럼 이 사회의 리더로서 역할을 하기가 어려워지게 될 것입니다.

그럼 어떻게 해야 할까요?

이제는 누군가가 해결하라고 제시한 문제를 잘 해결하는 능력이 아니라, 새로운 문제를 제시할 수 있어야 합니다. 즉 문제제시능력이 필요한 것입니다. 우리 사회를 이해하고, 사람을 이해하고, 사람들의 심리를 이해하면서, 세상에 필요한 것을 제시할 수 있어야 합니다. 알파고가 생각할 수 없는 새로운 우리 사회의 새로운 가치를 생각할 수 있어야 합니다. 이를 위해서는 시골에 처박혀서 수학 과학만 푸는 것이 아니라 세상 속으로 들어와 사람과 소통하고, 이해할 수 있는 인문학적 능력이 필요한 것입니다. 그래서 고등학교에서는 문과와 이과 구분을 없애게 되었고, 인문학적 지식을 갖춘 과학 기술인이 필요하게 된 것입니다.

교육의 변화 - 플립러닝과 자기설계전공

학교 수업에서도 많은 교육적인 변화가 일어나고 있습니다. 수업 시간에 지식만 배우는 것이 아니라 지식을 활용할 수 있는 능력이 중요하다고 하여 수행 평가의 비중이 늘어나고 있습니다. 예전에는 수업 시간에 지식을 배웠다면 이제는 더 이상 지식을 가르치는 것이 아니라 문제를 해결하는 시간을 갖고 있습니다.

이러한 예로 최근 유행하는 거꾸로 학습(Flipped Learning)이라는 것이 있습니다. 거꾸로 학습은 수업 시간에 지식을 가르치지 않습니다. 수업 시간 전에 주어진 과제물로 학생들이 스스로 지식을 미리 학습하고 수업에 참여합니다. 수업에서는 교수자들이 학생들에게 해결해야 할 문제를 제시하거나, 새로운 문제를 제시할 수 있는 기회를 제공합니다. 예를 들어 아두이노 보드를 수업한다면, 지식 습득 교육은 아두이노 보드 자체가 가지고 있는 여러 기능이나 사용법 등을 교육하는 것입니다. 문제해결 능력 교육은 예를 들어 교수자가 학생들에게 '아두이노 보드를 이용하여 신호등을 만들어보아라' 라고 하는 문제를 주고, 학생들이 스스로 학습하며 문제를 풀어가게 됩니다. 문제 제시 교육은 교수자는 학생들에게 이것이 아두이노 보드라는 것인데 과연 이걸로 무엇을 만들어 볼 수 있을까? 라는 요구를 할 뿐입니다. 학생들이 스스로 아두이노 보드에 대해 공부하고, 스스로 창의적인 주제를 정하고, 그것을 만들어가는 것입니다. 이렇게 교육이 바뀌고 있습니다.

더 큰 변화는 최근 대학가에서 많이 이루어지고 있습니다. 2017년부터 서울의 주요 대학들은 자기설계전공이라는 제도를 시행하고 있습니다. 자기설계전공은 대학에 개설되어있는 다양한 학과의 교과목들을 학생들이 여기저기 골라서 하나의 새로운 전공을 만드는 것입니다. 컴퓨터공학과에 입학하였지만, 컴퓨터공학과에서 인공지능, 드론 등의 과목을 듣고, 경영학과에서 창업과목을 듣고, 예술대학에서 디자인 과목들을 듣고 이를 드론경영전공이라고 이름 붙인 후 대학의 최종 승인을 받으면 이 학생의 졸업 전공은 드론경영전공이 되는 것입니다. 정말 유연한 학사구조입니다. 학생 자기설계전공은 너무 좋은 제도인 것 같지만 사실 비판적으로 보면 이것은 사회의 무책임함과 무능함을 나타내는 것입니다. 아까 새로운 직업을 학생들이 스스로 만들어야 한다고 했는데, 새로운 직업을 만들기 위해서 학생들이 졸업해서 가질 직업을 스스로 설계해서 그러한 능력을 갖추고 졸업하라는 의미인 것이지요.

물론 그런 직업을 설계해서 졸업한다고 해도 그 직업을 평생 누리면서 살아가기는 어려울 것입니다. 처음에는 아무도 생각하지 못했던 새로운 부가가치를 만들 수 있기에 호황을 누릴 수 있지만, 그것이 지속되면 경쟁이 치열해지고, 기업이 투자하게 되고, 결국에는 다시 기계에게 그 직업을 빼앗기게 될 것입니다. 그래서 많은 학자들이 4차 산업혁명 시대에는 평생을 살면서 6~7개의 직업을 바꾸어가며 살아가게 될 것이라는 것입니다. 비슷한 계열의 직업으로 바꾸는 것이 아니라 전혀 새로운 지식을 요구하는 다른 분야의 직업을 갖게 될 수도 있습니다. 그래서 앞에서 설명했던 문해력이 더욱 중요해지고 대학의 역할도 달라질 것입니다. 대학에서 전공에 관한 공부를 하고, 그 지식을 바탕으로 경제활동을 몇 년 하다 보면 기계에게 일자리를 빼앗기고, 다시 본인이 새로운 직업을 설계해서 그 직업을 위한 전문 지식을 스스로 공부해서 그 일을 해야 할 것입니다. 만약 문해력이 부족해서 기초학업역량이 부족하면 어떻게 해야 할까요? 아마 학생 때처럼 다시 과외를 받거나 학원에 가야겠지요?

대학도 이제는 고3 학생만이 가는 것이 아니라 평생 교육기관으로 변화하게 될 것입니다. 끊임없이 사회에서 필요한 지식과 역량을 재교육하는 기관으로 변화해야 만 대학도 살아남을 수 있을 것입니다.

학생 중심 융복합역량

이렇게 사회에 필요한 새로운 가치를, 새로운 문제를 제시할 수 있어야 하는데 이를 위해 필요한 것이 융복합역량입니다. 자신의 전공 분야와 다른 전공 분야의 지식을 융합하여 새로운 가치를 만들어내는 능력이 필요합니다. 과거에는 이러한 융복합 교육이 교수자 중심으로 많이 이루어졌습니다. 컴퓨터공학과와 경영학과가 협력하여 전자상거래라는 융복합전공을 만들고, 양쪽의 학생들이 이를 수강할 수 있도록 한 것이지요. 그러나 최근에는 이러한 융복합 교육은 잘못 이루어졌다는 자아비판이 많이 이루어지고 있습니다. 교수자 중심의 융복합 교육은 학생들의 융복합역량을 향상시키는데 결정적인 영향을 미치지 못한다는 것이지요. 융복합 교과목을 수강하는 것은 학생들이 1교시에 A과목을 듣고, 2교시에 B과목을 들었던 것을 1교시에 AB 과목을 모두 가르친 것 밖에 아니라는 것이지요. 실제로 많은 기업들은 복수 전공이나 융복합전공을 이수한 학생들을 환영하기보다는 A도 잘 모르고 B도 잘 모르는 회색지대의 부정적인 인력으로 바라보기도 했습니다.

그래서 융복합 교육은 학생 중심으로 이루어져야 합니다. 학생들 스스로 다양한 학문 분야의 지식을 융합하여 사회가 가지고 있는 문제를 해결해 볼 수 있는 아이디어를 제시할 수 있는 기회를 제도적으로 만들어주어야 합니다.

결론적으로 4차산업혁명 시대에 필요한 인재상은 기초학업역량과 융복합역량을 잘 갖춘 인재입니다. 알파고가 할 수 없는 새로운 가치를 상상해내고, 이를 실현하기 위하여 문해력과 정보문해력을 바탕으로 필요한 지식을 스스로 습득하고, 이를 완성해나가는 역량을 갖춘다면 어떠한 어려움이 있더라도 굳건히 자기 역할을 하며 이 세상에 필요한 훌륭한 인재가 될 것입니다.

부모의 역할

그렇다면 4차산업혁명시대에 적응할 수 있는 그런 아이로 키우기 위해서 부모는 어떻게 해야 할까요? 저는 가끔 제 아이에 대한 저의 통제 욕심을 반성하곤 합니다. 잘 키워보겠다는 욕심으로 아이에게 좋은 것만 먹이고 싶고, 보여주고 싶고, 가르쳐주고 싶은 욕심에 너무 타이트하게 아이들을 통제하는 것이 아닌가 반성해봅니다. 아이가 조금만 다른 곳으로 가려고 해도 줄을 당겨서 못 가게 당기는 경우가 많습니다. 그런데 이 줄은 신기하게도 처음에는 매우 굵고 단단하지만 아이가 커가면서 점점 가늘어지고 약해집니다. 처음에는 타이트하게 관리해도 아이가 어쩔 수 없이 따라올 수밖에 없지만, 사춘기를 지나고, 본인의 생각이 확실해질 때쯤 되면 부모가 줄을 당겨도 당겨지지 않고 결국에는 끊어지는 경우가 생길 수도 있습니다.

그래서 줄은 부모가 인내할 수 있을 만큼 최대한 길게 늘어뜨리는 것이 좋습니다. 아주 어렸을 때는 스스로 활동할 수 있는 여력이 없고, 보호가 많이 되어야 하기 때문에 짧게 잡고 시작하지만, 아이가 커가면서 점점 더 줄을 길게 늘어뜨려야 합니다. 충분히 부모의 영역 아래에서 다양한 시도를 하게 해야 합니다. 좋은 길뿐만 아니라, 냄새나고, 힘든 길도 있다는 것을 스스로 경험하고 깨닫게 해야 합니다. 부모는 아이들이 스스로 왔다 갔다 하는 것을 관찰하고 있다가 내 곁을 지나갈 때 대화를 해주고 조언을 해주어야 합니다. 어떤 느낌이 드니? 어떤 생각을 하고 있니? 물론 긴 줄에도 불구하고 아이와의 줄이 타이트해질 때에는 단호히 줄을 당기고 버텨야 합니다. 아이가 허용 범위 밖으로 나가려고 하면 절대로 양보해서는 안 되겠지요. 이것이 줄이 없는 교육과 다른 순간입니다.

물론 줄을 잡고 부모는 아이를 관찰하면서 가만히 서 있는 것이 아니라 서서히 이동해야 합니다. 아이가 좋은 것을 먹고, 보고, 배울 수 있는 좋은 환경의 방향으로 아이가 부담을 갖지 않도록 서서히 움직여야 합니다. 교육에 있어서 부모의 가장 큰 역할은 아이에게 좋은 선생을 소개하는 것이라고 합니다. 맹모삼천지교라는 말이 있듯이 예전부터 그래왔습니다. 우리 조상들도 사랑방을 만들어 훌륭한 학자들을 집에 모시고 자신의 자식들을 함께 불러 좋은 교육을 받게 하여 왔습니다. 좋은 교육 환경은 좋은 사람 혹은 선생일 수도 있고, 자연일 수도 있습니다. 아이들이 자연 속에서 뛰어놀며 좋은 공기만 마시는 것이 아니라 꽃이 피고, 낙엽이 지고, 시냇물이 흐르고 개미가 움직이는 것을 관찰하면서 자연의 원리를 이해하고 이것은 나중에 아이가 커서 문제를 해결하고, 새로운 문제를 제시할 때 커다란 자양분이 될 것입니다.

아이의 꿈

지난 20여 년간 학생들을 교육하면서 느낀 것 중의 하나는 졸업 후 학생들의 성장에 대한 관찰을 통한 것이었습니다. 같은 대학의 동일한 학과에 입학한 학생들인데 졸업 후 학생들의 진로나 몇 년 후 학생들의 성장한 모습은 정말 다양합니다. 어떤 학생들은 지방대라는 한계에 여전히 취업도 못 하고 있는 학생도 있고, 어떤 학생들은 중소기업에, 어떤 학생들은 대기업이나 연구소에 가 있습니다. 어떤 학생들은 대학교수가 되기도 하고, 어떤 학생들은 미국의 유명 글로벌 기업에 취업을 하기도 합니다. 물론 어떤 직업이 더 훌륭하다고 말을 하기는 어렵지만, 연봉을 더 많이 받고, 사회적으로 더 좋은 대우를 받는 학생들이 입학할 때나 졸업할 때의 성적순이 아니었습니다.

무엇일까요?

그것은 성적도 아니고, 외모도 아니고, 학생들이 어떤 꿈을 꾸느냐에 따라 달라졌습니다. 프로그래머가 되고자 했던 학생들은 작은 기업이든 대기업이든 프로그래머를 하고 있고, 공무원이 되고자 했던 학생들은 공무원이 되어 있거나 아니면 계약직으로라도 관공서에서 일을 하고 있었습니다. 공부를 계속하고자 했던 학생들은 대학교수가 되거나, 국가나 기업체의 연구소에서 일을 하고 있고, 그것이 어려웠던 학생들은 연구교수나 계약직으로라도 연구를 하고 있었습니다.

꿈이 10이면 10을 이룰 수도 있지만 못해도 7~8은 이루게 됩니다. 반면에 꿈이 100이라면 100을 못 이루더라도 70~80은 이루게 됩니다. 그래서 저는 학생들에게 꿈을 크게 가지라고 합니다. 내가 가진 능력이 요것밖에 안 된다고, 내가 할 수 있는 능력이 요만큼이라고 요만한 꿈을 가지면 그 꿈을 이루거나 그 부근에 가 있을 것입니다.

반면에 내가 지금 조금 부족하더라도 평생을 살면서 정말 내가 원하는 삶을 살고 싶다면 그것을 도전하라고 합니다. 이를 위해 부족한 능력도 키우고 부단히 노력하면 언젠가는 그 꿈을 이룰 수 있을 것입니다. 이제 좋은 세상이 되었습니다. 굶어 죽는 사람은 거의 없습니다. 인간의 수명도 발달된 의학 기술로 더 길어진다고 합니다. 긴 인생 먹고 살기 위해 고민하기보다는 본인이 정말 하고 싶은 일, 가치 있다고 생각하는 꿈을 이룰 수 있도록 도전하는 것이 필요합니다. 그러한 도전을 하다 보면 경제적인 것은 저절로 해결될 것입니다.

인생의 목표

그러면 어떤 꿈을 꾸게 해야 할까요?

다음의 그래프는 우리가 인생에서 무엇을 꿈꾸는지를 직관적으로 보여줍니다. 이 그래프에서 X축은 시간을 의미합니다. 내가 걱정하고 생각하는 것이 오늘인지, 내일인지, 열흘 후인지, 1년 후인지, 10년 후인지, 100년 후인지를 나타냅니다. Y축은 생각의 대상입니다. 나 자신만을 생각하는지, 가족을 염려하는지, 친구나 친지를 고려하는지, 우리나라 국민을 걱정하는지, 세계 인류를 걱정하는지 등을 나타냅니다. 자 그럼 이제 그래

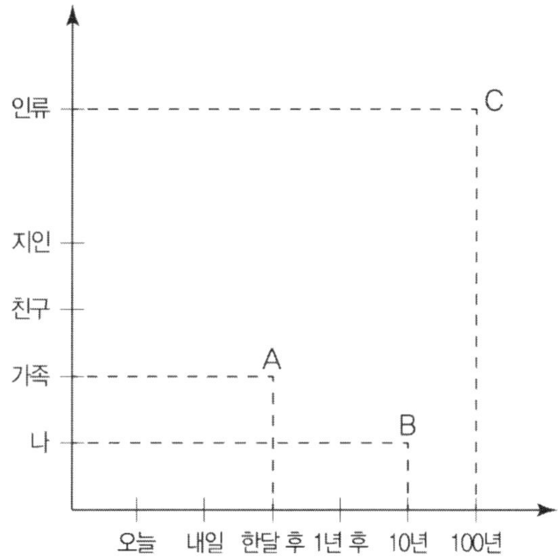

프에서 내가 어디에 있는지 확인해 봅시다. 만약 A 지점을 정한 사람은 우리 가족의 한 달 후를 주로 고민한다는 뜻입니다. B 지점은 나의 10년 후를 주로 고민한다는 의미이지요. C는 인류의 100년 후를 고민한다는 말이겠지요. 그렇다면 여러분들은 과연 무엇을 주로 고민하시나요? 여러분의 아이들은 어떤 지점의 고민을 하는 사람으로 성장하길 바라시나요? 가능한 X축으로 멀리, Y축으로 먼 지점으로 고민하는 사람으로 성장해야 합니다. 넓게 보고 멀리 보아야 우리 사회에도 도움이 되고, 자신의 긴 인생을 위해 올바른 판단을 할 수 있습니다.

CHAPTER

02 코딩교육을 어떻게 하면 되나요?

자, 그러면 이제 코딩 교육을 어떻게 하면 될지 설명해보겠습니다. 이 책에서 제시하는 교육 과정은 크게 3단계로 나뉩니다.

1단계는 정보문해력 향상 교육

1단계에서는 정보문해력을 향상하기 위한 교육이 필요합니다. 정보문해력은 컴퓨터를 활용하여 새로운 지식을 습득하고 이해하는 능력을 말합니다. 책뿐만 아니라 인터넷과 같은 다양한 매체를 활용하여 정보를 탐색하고 분석하는 능력을 키우는 것이 중요합니다. 정보문해력 교육은 다음과 같은 내용을 포함합니다.

- **컴퓨터 기본 지식** : 컴퓨터 하드웨어와 소프트웨어의 구성 및 동작 원리 이해하기
- **정보 관리**: 파일 및 폴더 관리, 데이터 저장 및 검색 방법 익히기
- **소프트웨어 활용 능력** : 문서 작성 도구, 스프레드시트 도구, 프리젠테이션 도구 사용법 익히기
- **프로그래밍 기초** : 간단한 프로그래밍 언어 문법과 기본적인 코딩 개념 배우기

2단계는 창의적 문제해결 능력 강화 교육

2단계에서는 창의적 문제해결 능력을 강화하기 위한 교육이 중요합니다. 창의적 문제해결 능력은 단순히 주어진 문제를 해결하는 것이 아니라 새로운 문제를 발견하고, 창의적인 아이디어를 도출하여 문제를 해결하는 능력을 키우는 것을 의미합니다. 이를 위해 학생들은 다양한 문제 상황에 직면하고 자율적으로 해결하는 능력을 키워야 합니다. 다음과 같은 방법으로 문제해결능력 향상 교육을 진행할 수 있습니다.

- **문제 정의**: 문제를 명확히 이해하고 정의하기
- **아이디어 창출**: 브레인스토밍 등 다양한 기법을 활용하여 창의적인 해결책 도출하기

- **아이디어 다듬기** : 도출된 아이디어를 평가하고 개선하기
- **해결책 실행** : 최종적으로 선택한 해결책을 실행하고 평가하기

3단계는 융복합역량 강화 교육

3단계에서는 창의성을 바탕으로 하는 융복합역량을 강화하기 위한 교육을 할 수 있습니다. 융복합역량은 다양한 지식과 기술을 융합하여 새로운 가치를 창출하는 능력을 말합니다. 학생들은 다양한 학문 분야를 넘나들며 다양한 관점에서 문제를 바라보고 해결하는 능력을 키워야 합니다. 이를 위해 다음과 같은 교육을 진행할 수 있습니다.

- **새로운 아이디어 생각** : 새로운 가치를 보여주는 창의적 아이디어 생각하기
- **팀 구성과 역할 분담** : 다양한 전공을 가진 팀원들과 협력하여 프로젝트 수행하기
- **프로젝트 계획 수립 및 실행** : 구체적인 실행 계획을 세우고 프로젝트를 진행하며, 결과를 평가하고 피드백 받기

유연한 교육 과정 구성 필요

위와 같은 세 단계의 교육이 반드시 차례대로 이루어져야 하는 것은 아닙니다. 학생의 흥미와 성취를 고려하여 세 단계가 지속적으로 고루 반복하여 시행되는 것이 좋습니다. 예를 들어 1단계에서 정보문해력 향상을 위해 문서편집기인 아래한글의 모든 기능을 다 교육한 후에 2단계로 진입할 필요는 없습니다. 학생들의 수준에 맞춰 필요한 만큼만 가르치고 2단계, 3단계로 넘어갈 수 있습니다. 세 단계의 지속적인 반복 교육 활동을 통해 학생들은 점진적으로 사고력 및 융복합역량을 향상시키고 강화할 수 있을 것입니다.

이러한 세 단계의 교육과정을 통해 학생들은 정보문해력, 창의적 문제해결 능력, 그리고 융복합역량을 강화하여 4차 산업혁명 시대에 적응하고 성공적으로 살아갈 수 있는 기초 시민 교양을 갖추게 될 것입니다.

이제 다음 절에서 각 단계별로 구체적인 교육 방법과 예시를 자세히 설명하겠습니다. 학생들이 어떻게 정보문해력, 창의적 문제해결 능력, 그리고 융복합역량을 향상시킬 수 있는지 구체적으로 알아봅시다.

1 단계

정보문해력 교육

정보문해력 교육은 학생들이 소프트웨어 도구들을 활용하여 새로운 지식을 스스로 습득할 수 있는 능력을 키우는 것을 목표로 합니다. 이를 위해 컴퓨터에 관한 기본적인 지식도 필요하고, 우리의 일상이나 업무를 위해 필요한 여러 가지 소프트웨어 도구들을 활용하는 방법을 배워야 합니다. 또한 본인에게 필요한 간단한 프로그램을 스스로 작성할 수 있는 코딩 능력도 키워야 합니다. 이에 관해 자세히 설명하면 다음과 같습니다.

정보문해력 교육과정은 컴퓨터및정보관리 능력, 타자연습, 정보검색, 보고서 및 발표도구, 프로그래밍, 하드웨어/센서 융합, 그리고 최신기술 영역으로 구분할 수 있습니다.

❶ 컴퓨터 및 정보관리

기본적으로 컴퓨터의 전원을 켜고 끄는 것부터, 나에게 필요한 정보를 컴퓨터를 활용해서 저장관리하고, 필요한 프로그램을 설치하여 활용할 수 있는 능력을 갖추는 것이 중요합니다.

- **컴퓨터 기본 지식** : 컴퓨터의 전원을 켜고 끄기. 하드웨어와 소프트웨어의 구성, 컴퓨터의 동작 과정 이해하기
- **정보 관리:** 파일과 폴더를 생성, 저장, 이동, 삭제하기. 클라우드 서비스를 활용하여 데이터를 효율적으로 관리하기
- **프로그램 설치 및 활용** : 필요한 소프트웨어를 설치하고, 이를 활용하여 다양한 작업을 수행하기

❷ 타자연습

컴퓨터를 잘 활용하기 위해서 기본적인 한글 및 영어 타자 실력을 향상시키기 위한 연습을 필요로 합니다. 독수리 타법이 아닌 두 손을 이용하여 자리를 익히고, 키보드를 보지 않고도 입력을 할 수 있는 정도를 목표로 합니다.

③ 정보검색

필요한 정보를 인터넷을 통해 검색하고, 분석하여 필요한 정보를 정리할 수 있는 능력을 배웁니다. 신뢰할 수 있는 정보의 출처를 판단하는 방법도 포함됩니다.

④ 보고서 및 발표 도구 활용

이 단계는 소통 능력을 향상하기 위한 단계입니다. 주어진 문제에 대한 해결 과정이나 결과 등을 타인과 소통하기 위하여 보고서를 작성하고, 발표할 수 있는 능력은 매우 중요한 능력입니다. 이를 위해 활용할 수 있는 소프트웨어 도구들의 사용법을 익히고, 이를 활용하여 실제 글쓰기 및 발표능력을 향상하는 것이 목표입니다.

- **문서 작성 도구** : MS Word, Google Docs 등 문서 작성 도구의 기본 사용법을 익히고, 이를 활용하여 보고서를 작성하는 능력을 키웁니다.
- **스프레드시트 도구** : MS Excel, Google Sheets 등의 사용법을 익히고, 데이터를 정리하고 분석하는 방법을 배웁니다.
- **프레젠테이션 도구** : MS PowerPoint, Google Slides 등의 프레젠테이션 도구를 활용하여 발표 자료를 만드는 능력을 키웁니다.

⑤ 프로그래밍

컴퓨터전공자가 아니더라도 본인에게 필요한 간단한 프로그램을 스스로 만들어 활용할 수 있는 능력을 갖추는 단계입니다. 이를 위해 전 세계적으로 많이 사용되는 스크래치 언어나 엔트리를 이용하여 교육을 진행할 수 있습니다. 프로그램을 작성하기 위해서는 프로그래밍 언어의 문법도 이해해야 하지만 자료구조와 알고리즘에 대해서도 학습이 필요합니다.

- **기본 프로그래밍 언어** : 스크래치나 엔트리와 같은 비주얼 프로그래밍 언어를 이용하여 간단한 프로그램을 작성하는 법을 배웁니다.
- **프로그래밍 기초 문법** : 변수, 반복문, 조건문 등 기본적인 프로그래밍 문법을 이해합니다.

- **자료구조와 알고리즘** : 리스트, 스택, 큐 등의 기본 자료구조와, 정렬, 탐색 등의 알고리즘을 배웁니다.

❻ 하드웨어와 센서의 융합

프로그래밍 단계를 심화한 단계로써 일상에서 많이 사용되는 IoT 시스템들이 소프트웨어와 센서 등 하드웨어를 융합한 시스템임을 이해하고, 간단한 IoT 시스템을 직접 만들어 볼 수 있는 능력을 키우는 단계입니다. 이를 위해 로봇키트나 아두이노 보드 등을 활용할 수 있습니다.

- **IoT 이해** : 일상에서 많이 사용되는 IoT 시스템들이 소프트웨어와 센서 등 하드웨어를 융합한 시스템임을 이해합니다.
- **실습 활동** : 로봇키트나 아두이노 보드 등을 활용하여 간단한 IoT 시스템을 직접 만들어 봅니다. 이를 통해 하드웨어와 소프트웨어의 융합을 경험합니다.

❼ 최신기술 이해

IT와 관련해서는 끊임없이 기존의 도구들이 사라지고 새로운 도구들이 출현하게 됩니다. 새로운 도구들을 적극적으로 받아들여 스스로 익히고 활용할 수 있는 능력을 키우는 단계입니다. 최근에는 인공지능, 드론, 메타버스 등이 최신 기술이라고 할 수 있습니다. 물론 시간이 흐르면서 끊임없는 새로운 최신 기술들에 대한 교육으로 대체되어야 할 것입니다.

- **최신 기술 탐색** : 인공지능, 드론, 메타버스와 같은 최신 기술을 배우고, 이러한 기술들이 어떻게 활용되는지 탐색합니다.
- **실습 활동** : 간단한 인공지능 모델을 만들어보거나 드론을 조종해보는 등, 최신 기술을 체험할 수 있는 활동을 통해 기술 이해를 높입니다.
- **적응력 강화** : 새로운 도구와 기술이 등장할 때 이를 적극적으로 받아들이고 활용할 수 있는 능력을 키웁니다.

위와 같은 1단계 정보문해력 교육 과정을 통해 학생들은 컴퓨터와 소프트웨어를 활용하여 필요한 정보를 효과적으로 습득하고, 이를 다양한 방식으로 표현할 수 있는 능력을 갖추게 됩니다. 다음 단계로 넘어가기 전에 이러한 기초 능력을 충분히 배양하는 것이 중요합니다.

컴퓨터 및 정보관리를 위한 교육

① 컴퓨터에 관한 기본 지식

컴퓨터를 활용한 정보 관리 방법을 교육하기 위해서는 컴퓨터에 관한 기본 지식을 이해할 필요가 있습니다. 컴퓨터는 하드웨어와 소프트웨어로 구분되며, 이에 대해 간단히 살펴보도록 하겠습니다.

컴퓨터 하드웨어의 구성

컴퓨터는 다음과 같은 중요한 구성 요소들로 이루어져 있습니다. 각 구성 요소는 서로 연계되어 컴퓨터가 원활히 작동하도록 합니다.

- **중앙처리장치(CPU)**: 컴퓨터의 두뇌에 해당하는 부분으로, 연산과 명령어 처리를 담당합니다.
- **주기억장치(Main Memory)**: 실행 중인 프로그램과 데이터를 저장하는 기억장소입니다. 주기억장치는 주로 램(RAM) 기술로 만들어져서 주기억장치를 램이라고 부르기도 합니다. 주기억장치는 전원이 공급될 때만 정보를 유지할 수 있는 특성을 가지고 있습니다.
- **보조기억장치(HDD/SSD)**: 전원이 연결되지 않아도 데이터를 영구적으로 저장하는 기억장소입니다. 대표적으로 하드디스크(HDD)와 솔리드스테이트드라이브(SSD)가 있습니다.
- **메인보드(Motherboard)**: 모든 구성 요소를 연결하는 중심 회로판입니다.
- **전원공급장치(PSU)**: 컴퓨터에 전력을 공급합니다.
- **그래픽 카드(GPU)**: 화면에 그래픽을 표시하거나 기계학습 알고리즘을 처리하는 특

별한 계산을 수행하는 장치입니다.

- **입력장치**: 컴퓨터에 데이터를 입력하기 위한 장치로, 키보드와 마우스가 대표적입니다.
- **출력장치**: 프로그램의 실행 결과를 출력하기 위한 장치로, 모니터와 프린터가 대표적입니다.

컴퓨터 소프트웨어의 구성

컴퓨터 소프트웨어는 크게 응용 소프트웨어와 시스템 소프트웨어로 구분됩니다.

- **응용소프트웨어**: 사용자가 다양한 목적을 위해 사용하는 모든 소프트웨어 프로그램을 말합니다. 아래한글, 파워포인트, 게임소프트웨어, 인터넷브라우저 등이 이에 해당합니다.
- **시스템소프트웨어**: 컴퓨터의 하드웨어를 활용해서 사용자의 응용 소프트웨어가 제작되고 실행될 수 있도록 지원하는 모든 소프트웨어를 말합니다. 시스템소프트웨어에는 컴파일러, 링커, 로더, 운영체제 등이 포함됩니다.
  - 컴파일러(compiler): 프로그래머가 작성한 소스코드를 CPU가 이해할 수 있는 기계명령어로 변환해주는 소프트웨어입니다.
  - 링커(linker): 여러 개의 기계어 프로그램들을 하나의 실행 가능한 프로그램으로 묶어주는 소프트웨어입니다.
  - 로더(loader): 하드 디스크에 있는 프로그램을 실행하기 위해 주기억장치로 적재하는 소프트웨어입니다.
  - 운영체제(operating system): 주기억장치에 적재된 프로그램에 CPU를 할당하여 실행될 수 있도록 관리하는 소프트웨어입니다. 운영체제는 컴퓨터 시스템의 자원을 효율적으로 관리하고 사용자와 하드웨어 간의 인터페이스를 제공합니다.

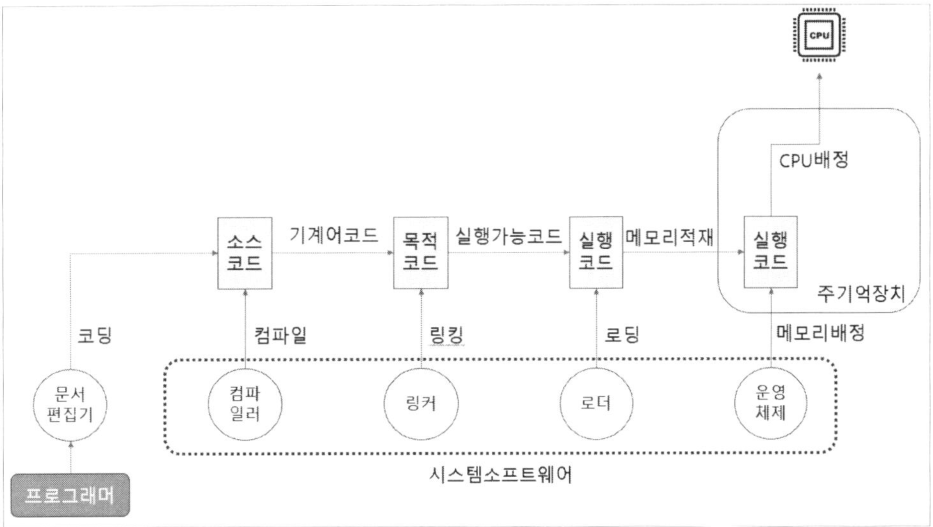

(시스템소프트웨어의 개념 및 동작과정)

컴퓨터의 동작 과정

컴퓨터는 위와 같은 구성 요소들을 활용하여 프로그램을 실행합니다. 컴퓨터의 동작 원리는 다음과 같습니다.

- **1단계** : 전원 공급: 전원 버튼을 눌러 전원을 켭니다.
- **2단계** : 부팅 과정: 메인보드에 부착된 BIOS(Basic Input Output System) 또는 UEFI(Unified Extensible Firmware Interface) 등의 펌웨어에 저장된 프로그램을 활용하여 하드웨어를 초기화합니다.
- **3단계** : 운영체제 로딩: 하드디스크에 저장된 운영체제가 주기억장치에 로딩되어 컴퓨터가 사용 준비를 합니다.
- **4단계** : 응용 프로그램 실행: 사용자가 원하는 응용 프로그램을 실행하여 작업을 수행합니다. 하드디스크에 저장된 응용프로그램을 사용자가 실행시키면, 응용 프로그램은 주기억장치에 로딩됩니다. 이후 주기억장치에서 명령어가 차례로 중앙처리장치에 반입되어 실행됩니다.

저장공간의 단위 계산

컴퓨터의 저장공간을 이해하기 위해서는 기본 단위와 단위 변환을 알아야 합니다. 저장 공간의 기본 단위는 비트(bit)와 바이트(byte)입니다.

- **비트(bit)**: 정보의 가장 작은 단위로, 0 또는 1을 나타냅니다. 컴퓨터는 모든 정보를 0과 1의 조합을 통해서 표현하며, 이를 이진법이라고 합니다. 손가락이 10개인 사람들은 10진법을 활용하는데, 사람이 만든 컴퓨터가 2진법을 사용하는 이유는 컴퓨터가 전원의 온/오프 상태를 쉽게 활용할 수 있기 때문입니다.
- **바이트(byte)**: 한 바이트는 8개의 비트로 구성되며, 하나의 바이트로 하나의 영문자를 표현할 수 있습니다. 한글 1자는 2바이트를 필요로 합니다.

저장 공간의 단위 변환은 다음과 같습니다:

- 1 킬로바이트(KB) = 1024 바이트(B)
- 1 메가바이트(MB) = 1024 킬로바이트(KB)
- 1 기가바이트(GB) = 1024 메가바이트(MB)
- 1 테라바이트(TB) = 1024 기가바이트(GB)

이러한 단위 변환을 활용하면, 예를 들어, 5MB의 파일은 5 × 1,024 × 1,024 바이트입니다. 단위 변환에 1,024 값이 사용되는 것은 2의 10승이 1,024이기 때문입니다. 컴퓨터는 이진수 체계를 사용합니다. 그러므로 메모리를 사용할 경우 메모리의 주소를 표현하기 위하여 이진수를 사용합니다.

예를 들어, 4비트를 사용하여 메모리 주소를 표현하면 메모리 주소값으로 사용할 수 있는 주소의 수는 2^4로 16가지가 되고, 10비트로 표현한다면 2^{10}으로 1,024개의 주소를 가질 수 있게 됩니다. 이처럼 이진수 체계에서는 2의 거듭제곱을 사용하여 메모리를 편리하고 효율적으로 관리할 수 있습니다.

❷ 전원 관리 교육

컴퓨터를 안전하게 사용하기 위해서는 전원을 켜고 끄는 방법을 제대로 이해하는 것이 중요합니다. 컴퓨터의 전원 관리 방법은 다음과 같습니다.

- **컴퓨터 전원 켜기**

  컴퓨터를 사용하기 위해 전원 버튼을 눌러 시동을 겁니다.

- **컴퓨터 전원 끄기**

  - 더 이상 컴퓨터를 사용하지 않을 때에는 사용 중인 응용 프로그램의 데이터를 저장하고 종료합니다.
  - 윈도우 시스템 종료 버튼을 눌러 컴퓨터를 종료합니다.
  - 응용 프로그램을 정상적으로 종료하지 않고 강제로 전원 버튼을 눌러 종료하면 데이터나 프로그램 파일의 손실이나 손상이 발생할 수 있음을 반드시 경고해야 합니다.

- **교육방법**

  - 시범 보이기 : 전원 온/오프 과정을 직접 시범을 보이며 설명합니다.
  - 학생 실습 : 학생들이 직접 전원을 켜고 끄는 연습을 해보도록 합니다.
  - 유의점 강조 : 강제 종료의 위험성과 올바른 종료 방법을 강조합니다.

학생들이 이미 전원 관리 방법을 이해하고 있는 수준이라고 판단되면, 생략해도 좋습니다.

❸ 컴퓨터의 폴더를 활용한 정보 관리 교육

파일과 폴더의 개념을 이해하는 것은 컴퓨터에서 정보를 효율적으로 관리하는 데 매우 중요합니다. 파일과 폴더의 정의는 다음과 같습니다.

- **파일** : 컴퓨터에서 프로그램이나 데이터를 저장하는 기본 단위입니다.
- **폴더(디렉토리)** : 파일을 조직적으로 관리하기 위한 개념으로, 윈도우즈에서는 폴더, 유닉스에서는 디렉토리라고 합니다. 여러 개의 파일을 구분해서 보관하기 위

한 보관함의 역할을 합니다.

폴더의 구조는 계층적이며, 사용자는 폴더를 생성, 이동, 삭제할 수 있습니다. 사용자는 파일 탐색기를 사용하여 폴더를 관리할 수 있습니다. 폴더 이름을 지을 때는 의미 있는 이름을 사용하고, 공백 대신 밑줄(_)이나 대시(-)를 사용하는 것이 좋습니다.

파일이나 폴더의 관리에 있어서 중요한 것은 우리 머릿속에 있는 정보의 관리 체계와 동일한 폴더 구조와 파일로 구분하여 저장하는 것입니다. 컴퓨터에 정보를 저장할 때 가장 중요한 것은 필요할 때 빨리 찾을 수 있는 것입니다. 그러나 저장해 둔 파일이 어느 폴더에 있는지 판단하기 어려우면 찾기가 어렵습니다. 따라서 컴퓨터에 저장해 둘 전체 정보를 구분하기 용이한 카테고리로 단계별로 구분하고, 카테고리별로 폴더를 생성해서 폴더별로 각각 파일을 저장해두는 방식과 습관에 대해 교육이 필요합니다.

폴더 관리의 주요 포인트

- **폴더 생성 및 관리** : 계층 구조를 이해하고, 의미 있는 이름을 사용하여 폴더를 생성, 이동, 삭제하는 방법을 배웁니다.
- **파일 저장 및 정리** : 파일을 카테고리별로 폴더에 정리하는 방법을 배우고, 빠르게 파일을 찾을 수 있도록 체계적으로 관리합니다.

백업 및 복원

- **파일 백업** : 중요한 파일은 정기적으로 백업하여 데이터 손실을 방지합니다. 클라우드 서비스나 USB, 외장 하드 등을 활용할 수 있습니다.
- **파일 복원** : 백업된 파일을 복원하는 방법을 배워 데이터 손실 시에도 대비할 수 있도록 합니다.

교육 방법

- **실습** : 파일 탐색기를 사용하여 폴더를 생성하고, 파일을 정리하는 과정을 직접 실습합니다.

- **사례 공유** : 실제로 파일을 효율적으로 관리한 사례를 공유하여 학생들이 이해하기 쉽게 합니다.
- **정기 점검** : 정기적으로 폴더와 파일을 점검하고 정리하는 습관을 기르도록 지도합니다.

이와 같은 교육을 통해 학생들은 컴퓨터에서 파일과 폴더를 효율적으로 관리하는 능력을 키울 수 있으며, 필요할 때 원하는 정보를 빠르게 찾을 수 있게 됩니다.

④ 데이터 파일 저장/삭제/이동/탐색 교육

컴퓨터에서 데이터 파일을 저장, 삭제, 이동, 탐색하는 방법을 배우는 것은 매우 중요합니다. 아래한글, 파워포인트 등의 프로그램을 통해 생성한 파일을 하드디스크에 저장해 두면 나중에 다시 사용할 수 있음을 설명합니다. 이를 위해 다음과 같은 사항들을 교육합니다.

파일 저장

- **파일 저장 방법** : 프로그램에서 파일을 저장할 때, 저장되는 파일의 디스크 상 위치를 확인합니다. 예를 들어, 아래한글이나 파워포인트에서 '파일 > 다른 이름으로 저장'을 선택하여 파일을 저장하는 방법을 보여줍니다.
- **저장 위치 선택** : 파일을 저장할 때, 디스크의 특정 위치(폴더)를 선택하는 방법을 설명합니다. 저장 위치를 지정할 때, 폴더 구조를 고려하여 파일을 저장합니다.

파일 삭제

- **파일 삭제 방법** : 필요 없는 파일을 삭제하는 방법을 설명합니다. 예를 들어, 파일 탐색기에서 파일을 선택한 후 '삭제' 버튼을 누르거나 마우스 오른쪽 버튼을 클릭하여 '삭제'를 선택합니다.
- **휴지통 관리** : 삭제한 파일이 휴지통으로 이동됨을 설명하고, 휴지통을 비우는 방법도 교육합니다.

파일 이동 및 복사

- **파일 이동** : 파일을 디스크 상의 다른 위치나 USB 등 외부 저장 장치로 이동하는 방법을 설명합니다. 파일 탐색기에서 파일을 선택하고 드래그하여 이동하거나 '잘라내기 > 붙여넣기' 기능을 사용합니다.
- **파일 복사** : 파일을 복사하는 방법을 보여줍니다. '복사 > 붙여넣기' 기능을 사용하여 동일한 파일을 다른 위치에 복사합니다.

파일 탐색

- **파일 검색 기능** : 내 컴퓨터에 저장된 파일의 위치를 정확히 기억하지 못할 경우, 윈도우즈 탐색 기능을 통해 검색할 수 있음을 설명합니다. 파일 탐색기의 검색 창에 파일 이름 또는 확장자를 입력하여 파일을 찾는 방법을 보여줍니다.

교육 방법

- **시범 보이기** : 파일 저장, 삭제, 이동, 탐색 과정을 직접 시범을 보이며 설명합니다.
- **실습** : 학생들이 직접 파일을 저장하고, 삭제하고, 이동하고, 탐색하는 연습을 해보도록 합니다.
- **질문과 답변** : 학생들이 궁금해하는 점을 질문하게 하고, 이에 대해 답변하며 이해를 돕습니다.

이와 같은 교육을 통해 학생들은 컴퓨터에서 파일을 효율적으로 관리하고, 필요할 때 빠르게 찾고 사용할 수 있는 능력을 갖추게 됩니다.

⑤ 프로그램 탐색 및 실행 방법 교육

컴퓨터에서 프로그램을 탐색하고 실행하는 방법을 배우는 것은 사용자에게 매우 중요한 능력입니다. 다음과 같은 과정을 통해 학생들이 프로그램을 쉽게 탐색하고 실행할 수 있도록 교육합니다.

프로그램 탐색

- **윈도우즈 메뉴 사용** : 윈도우즈 시작 메뉴를 열어 실행하고자 하는 프로그램을 찾는 방법을 설명합니다. 시작 메뉴에서 '모든 앱(All Apps)'을 선택하여 설치된 프로그램 목록을 확인합니다.
- **검색 기능 사용** : 시작 메뉴의 검색 창에 실행하고자 하는 프로그램의 이름을 입력하여 빠르게 찾는 방법을 설명합니다.

프로그램 실행

- **프로그램 실행 방법** : 찾은 프로그램을 클릭하여 실행하는 방법을 설명합니다. 예를 들어, 시작 메뉴에서 '메모장(Notepad)'을 검색하여 클릭하면 프로그램이 실행됩니다.

단축아이콘 만들기

- **바탕화면 단축아이콘 생성** : 자주 사용하는 응용 프로그램의 경우 바탕화면에 단축아이콘을 만들어 쉽게 실행할 수 있도록 설명합니다.
  - 프로그램 아이콘을 마우스 오른쪽 버튼으로 클릭하고 '바탕화면에 바로 가기 만들기(Create shortcut)'를 선택합니다.
  - 생성된 단축아이콘을 바탕화면에서 더블 클릭하여 프로그램을 실행할 수 있습니다.

교육 방법

- **시범 보이기** : 프로그램 탐색 및 실행 과정을 직접 시범을 보이며 설명합니다.
- **실습** : 학생들이 직접 프로그램을 탐색하고 실행해보도록 합니다.
- **단축아이콘 생성 실습** : 학생들이 자주 사용하는 프로그램의 단축아이콘을 바탕화면에 만드는 연습을 해보도록 합니다.
- **질문과 답변** : 학생들이 궁금해하는 점을 질문하게 하고, 이에 대해 답변하며 이해

를 돕습니다.

이와 같은 교육을 통해 학생들은 컴퓨터에서 프로그램을 효율적으로 탐색하고 실행할 수 있는 능력을 갖추게 됩니다.

⑥ 응용 프로그램 설치 및 삭제 교육

응용 프로그램은 컴퓨터에서 특정 작업을 수행하기 위해 작성된 소프트웨어로, 일반적으로 '앱'이라고 부릅니다. 앱은 응용 프로그램을 나타내는 영어 애플리케이션(application)을 줄여서 부르는 말입니다.

사용자별로 필요한 응용 프로그램들이 다양할 수 있기에 자신에게 필요한 응용 프로그램을 설치하거나 삭제할 수 있는 방법을 알아두어야 합니다. 이를 통해 제한된 메모리 공간을 효율적으로 관리할 수 있습니다.

응용 프로그램의 설치와 삭제 방법을 알아봅시다.

응용 프로그램 설치 방법

새로운 프로그램을 USB 혹은 인터넷 다운로드 등을 통해 내 컴퓨터에 설치할 수 있습니다. 보통의 경우 프로그램 파일을 다운로드한 후 SETUP.EXE 혹은 INSTALL.EXE 파일을 실행하면 설치 과정이 자동으로 이루어집니다.

설치 과정

❶ **프로그램 다운로드** : 인터넷 검색 또는 USB를 통해 프로그램 설치 파일을 다운로드합니다.

❷ **설치 파일 실행** : 다운로드한 설치 파일(예: SETUP.EXE 또는 INSTALL.EXE)을 실행합니다.

❸ **설치 옵션 설정** : 설치 마법사에 따라 설치 경로와 옵션을 설정합니다.

❹ **설치 완료** : 설치 과정을 완료하고, 필요한 경우 컴퓨터를 재시작합니다.

응용 프로그램 삭제 방법

더 이상 필요 없는 프로그램은 윈도우즈 설정 메뉴에서 '앱 설치 및 제거'를 통해 삭제할 수 있습니다. 이때 바탕화면의 아이콘만 삭제할 경우 전체 삭제가 되지 않음을 확인해 주어야 합니다. 설치 시 주의할 점은 불필요한 소프트웨어가 함께 설치되지 않도록 주의하는 것입니다. 항상 라이선스를 확인하고, 신뢰할 수 있는 출처에서 다운로드하는 것이 좋습니다.

삭제 과정

❶ **제어판 실행** : 윈도우즈의 제어판을 실행합니다.

❷ **프로그램 선택** : 프로그램 목록에서 삭제할 프로그램을 선택합니다.

❸ **프로그램 제거** : '제거' 버튼을 클릭하여 프로그램 삭제를 진행합니다.

❹ **삭제 완료** : 삭제 과정을 완료하고, 필요한 경우 컴퓨터를 재시작합니다.

교육 방법

- **시범 보이기** : 응용 프로그램의 설치 및 삭제 과정을 직접 시범을 보이며 설명합니다.
- **실습** : 학생들이 직접 프로그램을 설치하고 삭제하는 연습을 해보도록 합니다.
- **주의사항 강조** : 설치 시 불필요한 소프트웨어가 함께 설치되지 않도록 주의하는 방법과 신뢰할 수 있는 출처에서 다운로드하는 중요성을 강조합니다.
- **질문과 답변** : 학생들이 궁금해하는 점을 질문하게 하고, 이에 대해 답변하며 이해를 돕습니다.

이와 같은 교육을 통해 학생들은 컴퓨터에서 필요한 응용 프로그램을 효율적으로 설치하고, 필요 없는 프로그램을 삭제할 수 있는 능력을 갖추게 됩니다.

❼ 클라우드 활용 교육

클라우드는 내컴퓨터가 아닌 인터넷으로 연결되어 있는 서버 시스템을 활용할 수 있는 환경을 말합니다. 사용자는 클라우드의 저장소를 사용할 수도 있고, 최근에는 사용자의 응용 프로그램 실행을 위해서도 활용할 수 있습니다.

사용자는 자신이 보유하고 있는 컴퓨터의 성능이 부족하더라도 인터넷만 연결되어 있으면 언제 어디서든 접근할 수 있는 편리함이 있기에 자유롭게 필요에 따라 클라우드 환경을 활용할 수 있는 능력이 필요합니다. 다음과 같은 기본적인 클라우드 사용법을 교육합니다.

- **파일 저장**

  내 컴퓨터에 있는 파일을 클라우드의 저장소에 저장할 수 있음을 보여줍니다. 구글이나 네이버의 클라우드 등을 활용할 수 있음을 설명합니다.

- **공통문서작업**

  클라우드를 활용하면 하나의 문서를 여러 명이 동시에 접속하여 작업할 수 있음을 보여줍니다. 팀 활동의 경우에 활용 가능한 시간대를 찾기 위하여 공동의 시간표를 작성해보는 것은 좋은 실습 예입니다.

- **설문조사**

  과거에는 설문조사를 할 때 설문지를 작성하여 일일이 사람들을 찾아다니며 설문을 하고, 이를 다시 취합하여 통계 작업을 진행하였습니다. 그러나 클라우드를 이용하여 설문조사를 하면 쉽게 여러 사람들의 설문 참여를 유도할 수 있고 통계 정보도 자동으로 생성할 수 있음을 보여줍니다.

- **해킹 및 보안관리**

  클라우드 환경의 장점에도 불구하고, 보안의 위험성이 존재합니다. 항상 해킹을 방지하기 위해 ID/비밀번호 등 개인정보를 클라우드 환경에 저장하지 않도록 하고, 비밀번호를 수시로 변경하도록 경고합니다.

교육 방법

- **시범 보이기** : 클라우드를 활용하여 파일을 저장하고, 공동 문서 작업을 수행하며, 설문 조사를 만드는 과정을 직접 시범을 보이며 설명합니다.
- **실습** : 학생들이 직접 클라우드 서비스를 이용하여 파일을 저장하고, 공동 문서 작업을 수행하며, 설문 조사를 만들어보도록 합니다.
- **주의사항 강조** : 클라우드 사용 시 보안 위험을 최소화하기 위한 방법을 강조하고, 해킹을 방지하기 위한 보안 관리 방법을 설명합니다.
- **질문과 답변** : 학생들이 궁금해하는 점을 질문하게 하고, 이에 대해 답변하며 이해를 돕습니다.

이와 같은 교육을 통해 학생들은 클라우드 환경을 효율적으로 활용하는 방법을 배우고, 보안 문제에 대한 경각심을 가질 수 있게 됩니다.

⑧ 타자연습 교육

타자 실력은 문서 작성 및 코딩 작업에 필수적인 기초 능력으로, 꾸준히 연습하여 일정 기준에 도달할 수 있도록 합니다. 이를 위해 다음과 같은 타자연습 방법을 교육합니다.

자리 연습

- 타자 실력 향상을 위해서는 무조건 빨리 치려고 하는 것보다 오타 없이 정확하게 치는 것이 중요합니다. 이를 위해 각 키의 위치를 정확히 익히는 자리 연습을 철저히 합니다. 자리 연습을 통해 키보드를 보지 않고 타이핑할 수 있도록 유도합니다.

한글/영문 200타 목표

- **한글 타자 연습** : 일정 수준의 한글 타자 실력(단문 기준 분당 200타 정도)에 도달할 수 있도록 연습합니다. 이를 위해 매일 일정 시간 동안 꾸준히 한글 타자 연습을 진행합니다.

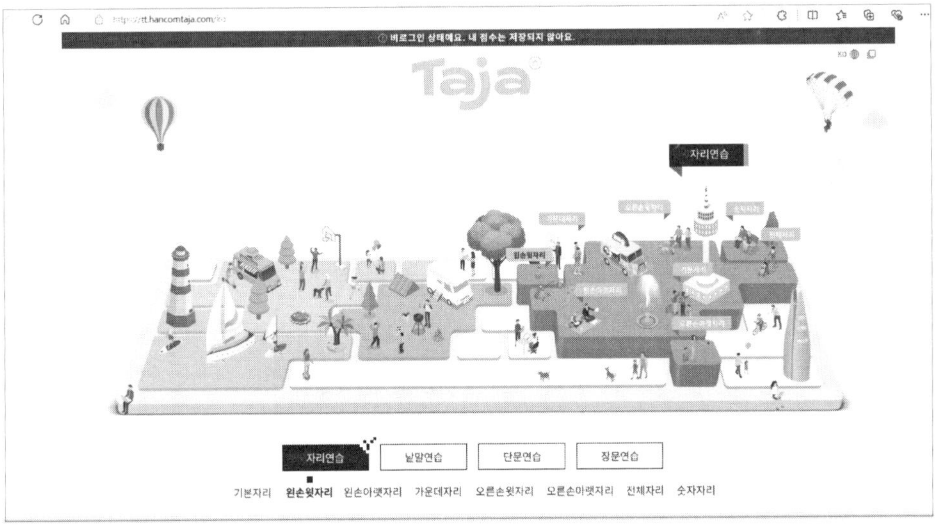

(타자연습을 할 수 있는 한컴타자 홈페이지 화면, 주소: https://www.hancomtaja.com/ko)

소프트웨어 도구 활용 능력 교육

각 개인에게 필요한 소프트웨어는 업무 유형이나 취향에 따라 다양할 수 있습니다. 그러나 한두 가지 소프트웨어 사용법을 잘 익히면 새로운 소프트웨어도 쉽게 적응하여 사용할 수 있습니다. 본 단계에서는 그러한 능력을 체득하고 향상하는 것이 목표입니다.

가장 기본적으로 사용하게 되는 소프트웨어에는 문서 작성을 위한 소프트웨어, 프리젠테이션을 위한 소프트웨어, 그리고 간단한 계산이나 목록 등을 관리할 수 있는 스프레드시트가 있습니다. 본 절에서는 이러한 유형의 기본 소프트웨어를 어느 정도 사용할 수 있어야 하는지에 대한 가이드라인을 제시합니다.

문서 작성 소프트웨어

대표적인 소프트웨어 : 아래 ᄒᆞᆫ글, MS Word, Google Docs

- **기본 기능 익히기** : 문서 작성, 저장, 열기, 편집, 인쇄 등 기본적인 기능을 익힙니다.
- **서식 설정** : 글꼴, 글자 크기, 글자 색상, 단락 정렬, 줄 간격 등 서식 설정 방법을 배웁니다.

- **표 삽입** : 표를 삽입하고, 행과 열을 추가하거나 삭제하는 방법을 익힙니다.
- **이미지 삽입** : 문서에 이미지를 삽입하고, 이미지의 크기와 위치를 조정하는 방법을 배웁니다.

프리젠테이션 소프트웨어

대표적인 소프트웨어 : MS PowerPoint, Google Slides

- **슬라이드 작성** : 슬라이드를 작성하고, 저장하고, 열기, 편집, 인쇄하는 방법을 익힙니다.
- **디자인 설정** : 슬라이드 디자인, 배경 설정, 텍스트 및 이미지 삽입 방법을 배웁니다.
- **애니메이션 효과** : 슬라이드 전환 효과와 개체 애니메이션 효과를 설정하는 방법을 익힙니다.
- **발표자 도구 사용** : 발표 시 사용할 수 있는 발표자 도구를 활용하는 방법을 배웁니다.

스프레드시트 소프트웨어

대표적인 소프트웨어 : MS Excel, Google Sheets

- **기본 기능 익히기** : 스프레드시트 작성, 저장, 열기, 편집, 인쇄 등 기본적인 기능을 익힙니다.
- **데이터 입력 및 정리** : 셀에 데이터 입력, 셀 병합, 행과 열 추가 및 삭제, 데이터 정렬 방법을 배웁니다.
- **기본 함수 사용** : SUM, AVERAGE, MIN, MAX 등의 기본 함수를 사용하는 방법을 익힙니다.
- **차트 작성** : 데이터를 시각화하기 위한 차트를 작성하고, 차트 종류와 설정 방법을 배웁니다.

교육 방법

- **시범 보이기** : 각 소프트웨어의 기본 기능을 직접 시범 보이며 설명합니다.
- **실습** : 학생들이 직접 문서 작성, 발표 자료 작성, 스프레드시트 작업을 수행해보도록 합니다.
- **프로젝트 과제** : 실제 프로젝트 과제를 통해 각 소프트웨어의 기능을 응용해보도록 합니다.
- **피드백 제공** : 학생들이 작성한 문서, 발표 자료, 스프레드시트에 대해 피드백을 제공하여 개선할 점을 알려줍니다.

이와 같은 교육을 통해 학생들은 다양한 소프트웨어 도구를 효과적으로 활용할 수 있는 능력을 갖추게 되며, 새로운 소프트웨어도 쉽게 적응하여 사용할 수 있는 자신감을 얻게 됩니다.

프로그래밍 교육

컴퓨터의 동작 원리를 이해하고, 다양한 소프트웨어를 활용할 수 있는 능력을 갖추었다면, 이제는 간단한 프로그램을 스스로 만들어볼 수 있는 프로그래밍 능력을 키울 필요가 있습니다.

프로그래밍 능력을 갖추는 것은 본인에게 필요한 프로그램을 스스로 만들어서 활용할 수 있는 장점도 있고, 소프트웨어가 어떠한 원리로 만들어지고 사용되는지를 이해하는 데도 큰 도움이 됩니다.

프로그래밍 교육은 크게 세 가지로 구성됩니다: 프로그래밍 언어의 문법 및 어휘 교육, 자료구조 교육, 그리고 알고리즘 교육입니다.

프로그래밍 언어의 문법 및 어휘 교육

프로그래밍 언어는 사람이 이해할 수 있는 명령어로 컴퓨터에게 지시를 내리는 방법입니다. 이를 위해 프로그래밍 언어의 기본 문법과 어휘를 배우는 것이 첫걸음입니다.

- **기본 문법** : 변수, 데이터 타입, 연산자 등 기본적인 프로그래밍 개념을 배웁니다.
- **제어 구조** : 조건문(if, switch), 반복문(for, while) 등 프로그램의 흐름을 제어하는 구조를 배웁니다.
- **함수** : 코드를 모듈화하고 재사용할 수 있도록 도와주는 함수의 정의와 호출 방법을 배웁니다.

자료구조 교육

자료구조는 데이터를 효율적으로 저장하고 관리하는 방법을 배우는 것입니다. 이를 통해 프로그램의 성능을 향상시킬 수 있습니다.

- **기본 자료구조** : 배열, 리스트, 스택, 큐 등의 기본적인 자료구조를 배웁니다.
- **복합 자료구조** : 트리, 그래프 등의 복합 자료구조를 배워 복잡한 데이터를 관리하는 방법을 익힙니다.

알고리즘 교육

알고리즘은 문제를 해결하기 위한 절차나 방법을 배우는 것입니다. 효율적인 알고리즘을 설계하는 능력은 프로그래밍의 핵심입니다.

- **정렬 알고리즘** : 버블 정렬, 선택 정렬, 퀵 정렬 등의 다양한 정렬 방법을 배웁니다.
- **탐색 알고리즘** : 선형 탐색, 이진 탐색 등 데이터를 찾는 방법을 배웁니다.
- **문제 해결 전략** : 분할 정복, 동적 계획법, 그리디 알고리즘 등의 다양한 문제 해결 방법을 배웁니다.

교육 방법

- **시범 보이기** : 각 개념을 설명하고, 간단한 예제를 통해 직접 시범 보입니다.
- **실습** : 학생들이 직접 코딩해보도록 하여 프로그래밍 언어의 문법, 자료구조, 알고리즘을 익힐 수 있도록 합니다.
- **프로젝트 과제** : 실제로 작동하는 프로그램을 작성해보는 프로젝트 과제를 통해 배

운 내용을 응용할 수 있도록 합니다.

- **피드백 제공** : 학생들이 작성한 코드에 대해 피드백을 제공하여 개선할 점을 알려줍니다.

이와 같은 교육을 통해 학생들은 프로그래밍 능력을 효과적으로 키울 수 있으며, 필요한 소프트웨어를 스스로 개발할 수 있는 기초 역량을 배양할 수 있습니다.

프로그래밍 언어의 문법 및 어휘 교육

인간 세상에도 한국어, 영어, 독일어, 프랑스어 등 여러 언어가 있는 것처럼 프로그래밍 언어에도 C언어, C++, JAVA, Swift 등 여러 종류가 있습니다. 한국어와 영어의 문법이 다르듯이 컴퓨터 프로그래밍 언어들도 사용하는 문법이 다릅니다. 그러므로 내가 사용하려는 프로그래밍 언어가 있으면 그 언어의 문법을 익혀야 합니다. 또한 그 언어에서 제공하는 기본적인 기능인 어휘도 학습해야 합니다.

어떠한 언어를 사용하더라도 프로그래밍을 하기 위해서는 다음의 기능을 수행하는 문법을 이해해야 합니다.

명령문

명령문은 프로그램을 통하여 이루어지기를 원하는 명령을 기술하는 방법입니다. 이는 블록을 사용할 수도 있고, 텍스트로 타이핑을 할 수도 있습니다. 각 언어에서 정의한 명령문 작성 규칙을 학습합니다.

> **예시** Python에서 print("Hello, World!")는 "Hello, World!" 문자열을 화면에 출력하는 명령문입니다.

반복문

반복문은 특정한 명령어를 반복할 수 있도록 하는 방법입니다. 반복의 기능은 사람이 일 처리하는 것보다 컴퓨터를 사용하는 것이 더 좋은 대표적인 방법입니다. 특정한 횟수만큼 반복할 수도 있고, 무한대로 반복할 수도 있습니다. 프로그래밍 언어에서 제공하는 반복문의 사용 방법을 익힙니다.

예시 Python에서 for i in range(5): print(i)는 0부터 4까지의 숫자를 출력하는 반복문입니다.

조건문

조건문은 특정한 명령어의 실행 여부를 조건에 따라 달리하는 문법입니다. 해당 명령어를 조건에 따라 실행할 수도 있고, 실행하지 않을 수도 있습니다. 여러 명령어들 중에 선택적으로 실행하게 할 수도 있습니다.

예시 Python에서 if x 〉 10: print("x is greater than 10")는 x가 10보다 클 때만 출력하는 조건문입니다.

조건문 + 반복문

조건문과 반복문이 결합될 수도 있습니다. 단순히 횟수에 의한 반복이 아니라 특정한 조건에 따라 반복의 여부가 결정될 수 있도록 할 수도 있습니다. 주어진 조건에 따라 반복문을 구성하는 방법을 교육합니다.

예시 Python에서 while x 〈 10: if x % 2 == 0: print(x) x += 1는 x가 10보다 작을 때 짝수를 출력하는 반복문입니다.

중첩 반복문

중첩 반복문은 반복문과 반복문이 결합된 문장입니다. 중첩 반복문은 반복문이 단순히 열거된 것이 아니라 반복문 안에 다른 반복문이 존재하는 경우를 말합니다. 중첩 반복문 안의 명령문은 중첩하고 있는 반복문의 반복 회수를 곱한 횟수만큼 반복하게 됩니다. 이를 학생들이 잘 이해하도록 설명을 예제와 함께 하면 좋을 것입니다.

예시 Python에서 for i in range(3): for j in range(2): print(i, j)는 i와 j의 조합을 출력하는 중첩 반복문입니다.

프로그래밍 언어의 문법을 잘 이해했다고 프로그램을 잘 작성하기는 매우 어렵습니다. 프로그램을 잘하기 위해서는 프로그래밍 언어의 문법뿐만 아니라 자료구조 및 알고리즘에 대해서 이해해야 합니다. 자료구조는 프로그램을 통해서 처리하려고 하는 데이터가 메모리상에서 서로 어떤 관계로 저장되어 있는지를 설정하는 방법입니다. 알고리즘은 컴퓨터를 이용해서 주어진 문제를 해결하는 논리적인 방법을 말합니다.

자료구조

자료구조는 데이터를 효율적으로 저장하고 관리하기 위한 방법을 제공하며, 대표적인 자료구조에는 변수, 리스트, 스택, 큐, 트리, 그래프 등이 있습니다. 각 자료구조의 특성 및 장단점을 이해하고, 응용 프로그램을 작성할 때 적절한 자료구조를 선택할 수 있는 능력을 키워야 합니다.

변수

변수는 여러 자료구조 중에서 가장 단순한 형태의 자료구조입니다. 변수는 프로그램에서 사용하는 모든 데이터를 개별적으로 처리하는 방법입니다. 데이터 간에는 서로 연관성 없이 모든 데이터를 각자의 섬처럼 저장하는 방법입니다. 예를 들어 3개의 숫자 데이터를 저장하기 위해서 3가지 변수를 만들고, 각각의 변수는 변수 이름을 붙여서 변수 이름을 통해서 데이터를 접근하게 됩니다.

리스트

리스트 자료구조는 여러 개의 데이터를 하나의 이름으로 보관하는 방법입니다. 마치 단독 주택은 변수에 해당하고, 리스트는 아파트라고 비교하면 이해가 쉽습니다. 여러 개의 데이터를 하나의 이름으로 관리하기에 개별 데이터를 접근하기 위해서는 인덱스라고 하는 주소를 사용합니다. 마치 아파트 이름은 같지만, 동과 호수를 이용해서 구분하는 것과 같은 방법입니다.

동일한 유형의 여러 데이터를 사용하는 프로그램일 경우에는 변수로 보관하는 것보다 리스트로 보관하는 것이 프로그램 하기에 매우 용이합니다. 예를 들어 100개의 데이터를 변수로 보관하려면 변수가 100개 필요하고, 변수 이름도 100개가 별도로 만들어져야 합니다. 그러나 리스트로 보관하면 동일한 이름으로 인덱스만 바꾸어서 접근할 수 있기 때문에 프로그램이 매우 편리해집니다.

스택

스택은 리스트를 이용하여 만든 대표적인 응용 자료구조입니다. 스택은 여러 데이터를 리스트처럼 하나의 이름으로 보관하기 위한 자료구조인데, 자료를 저장하고 꺼내는 출입구를 하나만 사용하는 것입니다. 예를 들어, 비좁은 동굴의 출입구가 하나인 경우입니다. 만약 A, B, C의 데이터가 차례대로 동굴에 들어갔다면 나올 때는 가장 나중에 들어간 C부터 나올 수 있고, 그 다음에 B, 그리고 A가 가장 마지막에 나올 수 있습니다. 이러한 특성으로 인해 스택은 후입선출(Last In First Out, LIFO) 구조라고 불립니다.

큐

큐는 스택과 반대되는 자료구조입니다. 여러 데이터를 리스트로 관리하는데 입구와 출구가 별도로 있는 자료구조입니다. 그래서 가장 먼저 저장된 데이터가 가장 먼저 나올 수 있는 선입선출(First In First Out) 구조입니다.

트리

트리 구조는 하나의 데이터 하위에 또 다른 데이터를 하나 이상 연결하여 보관하는 자료구조입니다. 트리 자료구조는 나무를 거꾸로 한 모양과 유사하여 붙여진 이름입니다. 맨 위에 있는 노드를 루트(root) 노드라고 하고, 가장 아래에 있는 노드를 리프(leaf) 노드라고 합니다. 상위 노드를 부모(parent) 노드, 하위 노드를 자식(child) 노드라고 합니다. 동일한 레벨의 노드들은 형제(sibling) 노드라고 합니다.

트리 자료구조는 데이터의 탐색 시간을 최소화하기 위해 만들어졌습니다. 자식 노드는 없을 수도 있고, 여러 개일 수도 있는데, 자식 노드를 2개 이하로 제한한 트리 구조를 이진 트리(binary tree)라고 합니다. 이진 트리를 사용하여 현재 노드의 왼쪽 자식 노드에는 현재 노드보다 작은 값을, 오른쪽 자식 노드에는 현재 노드보다 큰 값을 저장하도록 하면, 원하는 데이터를 검색할 경우 전체 노드를 탐색하지 않고도 훨씬 적은 탐색만으로 원하는 데이터를 찾을 수 있는 장점이 있습니다.

그래프

그래프 자료구조는 노드들이 상위 혹은 하위의 개념 없이 서로 연결된 자료구조를 말합니다. 마치 전철 노선도와 유사한 모양을 가집니다. 그래프에서는 노드를 정점(vertex)라고 부르고, 노드를 연결하는 선을 간선(edge)라고 부릅니다.

그래프는 자동차 내비게이션을 위한 최단 경로 탐색, 전철 노선도 안내 등과 같은 응용 프로그램을 개발할 때 사용할 수 있는 자료구조입니다. 물론 이외에도 다양한 응용 프로그램을 위해서 사용될 수 있는 유용한 자료구조입니다.

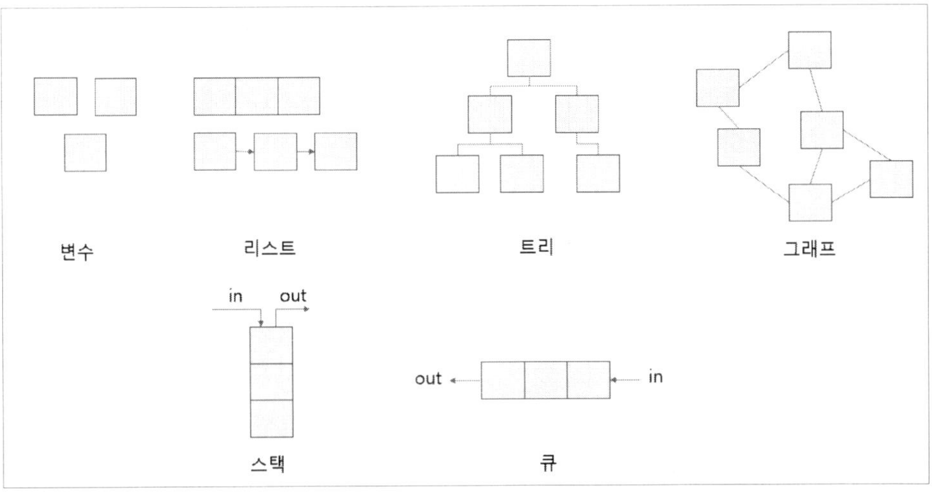

(자료구조의 종류)

알고리즘

알고리즘이란 컴퓨터를 이용하여 문제를 해결하기 위한 논리적인 방법 혹은 절차를 말합니다. 알고리즘은 특정한 프로그래밍 언어와는 관계 없이 문제를 해결할 수 있는 방법을 순서도나 간략한 한글 혹은 영어 문장을 사용하여 표현할 수 있습니다. 일반적으로 응용 소프트웨어 프로그램을 작성하기 위해서는 프로그램 내에서 사용할 데이터를 위한 자료구조를 결정하고, 자료구조를 바탕으로 적용할 알고리즘을 설계합니다. 이후 가장 적절한 프로그래밍 언어를 사용하여 알고리즘을 구현하게 됩니다.

하나의 문제를 해결하기 위한 알고리즘은 여러 가지가 있을 수 있습니다. 그러므로 어떤 알고리즘이 더 좋은 알고리즘인지 판단을 해야합니다. 컴퓨터에서 알고리즘의 성능을 판단하는 기준은 두 가지입니다. 첫째는 얼마나 빠르게 실행 가능한가이고 둘째는 알고리즘의 실행을 위해 얼마나 많은 공간을 필요로 한가입니다. 이를 시간복잡도 그리고 공간복잡도라고 합니다. 메모리를 가장 적게 사용하면서 빠르게 실행할 수 있는 알고리즘이 가장 좋은 알고리즘일 것입니다.

프로그래밍을 하다보면 다양한 상황에서 다양한 알고리즘들이 필요로 하고 또 존재하지만 가장 기본적인 알고리즘은 정렬과 탐색 알고리즘입니다. 컴퓨터 프로그램을 활용하여 처리하는 많은 일들이 컴퓨터에 많은 데이터를 저장해두고 다양한 형태로 필요한 형태로 가공하여 활용하는 방식을 취합니다. 이때 원하는 데이터를 검색하는 것을 탐색(search)라고 하는데, 탐색을 빨리하기 위해서는 데이터들이 다양한 방식으로 정렬되어 있어야 합니다. 그래서 정렬(sort)알고리즘이 중요한 것입니다.

정렬 알고리즘

데이터를 정렬하기 위한 알고리즘들에는 여러 가지가 있습니다. 다음은 정렬 알고리즘들 중 대표적인 주요 알고리즘들입니다. 각각의 알고리즘에 대한 자세한 설명은 생략합니다.

❶ 버블 정렬 (Bubble Sort)

- **설명** : 인접한 두 요소를 비교하여 잘못된 순서이면 교환하는 방식으로, 리스트를 여러 번 반복하여 정렬합니다.
- **시간 복잡도** : O(n^2) - 최악 및 평균 경우
- **공간 복잡도** : O(1) - 추가 메모리 사용이 적음
- **특징** : 구현이 매우 간단하지만, 효율성이 낮아 작은 데이터 집합에 적합합니다.

❷ 선택 정렬 (Selection Sort)

- **설명** : 리스트에서 가장 작은 요소를 찾아 첫 번째 요소와 교환하고, 다음 작은 요소를 찾아 두 번째 요소와 교환하는 방식으로 정렬합니다.
- **시간 복잡도** : O(n^2) - 최악 및 평균 경우
- **공간 복잡도** : O(1)
- **특징** : 간단하지만 비효율적입니다. 데이터가 많을 경우 성능이 저하됩니다.

❸ 삽입 정렬 (Insertion Sort)

- **설명** : 리스트의 요소를 하나씩 비교하여 적절한 위치에 삽입하는 방식으로 정렬합니다.
- **시간 복잡도** : O(n^2) - 최악 및 평균 경우, O(n) - 최선 경우 (이미 정렬된 경우)
- **공간 복잡도** : O(1)
- **특징** : 작은 데이터 집합이나 거의 정렬된 데이터에 대해 효율적입니다.

❹ 병합 정렬 (Merge Sort)

- **설명** : 리스트를 절반으로 분할하고, 각 부분을 재귀적으로 정렬한 후 병합하는 방식으로 정렬합니다.
- **시간 복잡도** : O(n log n) - 최악, 평균 및 최선 경우
- **공간 복잡도** : O(n) - 추가 메모리가 필요
- **특징** : 안정 정렬이며, 대규모 데이터에 대해서도 효율적입니다.

❺ **퀵 정렬 (Quick Sort)**

- **설명** : 피벗을 기준으로 리스트를 분할하고, 각 부분을 재귀적으로 정렬하는 방식으로 정렬합니다.
- **시간 복잡도** : O(n^2) - 최악 경우, O(n log n) - 평균 및 최선 경우
- **공간 복잡도** : O(log n) - 재귀 호출에 의한 스택 공간
- **특징** : 평균적으로 매우 빠르지만, 최악의 경우 성능이 저하될 수 있습니다. 불안정 정렬입니다.

❻ **힙 정렬 (Heap Sort)**

- **설명** : 최대 힙 또는 최소 힙을 구성하여 루트 요소를 제거하고 힙을 재구성하는 방식으로 정렬합니다.
- **시간 복잡도** : O(n log n) - 최악, 평균 및 최선 경우
- **공간 복잡도** : O(1) - 추가 메모리 사용이 적음
- **특징** : 불안정 정렬이며, 전체 데이터에 대해 일정한 성능을 보입니다.

코딩 교육 초기에는 이러한 알고리즘들의 원리를 자세히 설명할 필요는 없겠지만, 코딩을 지속적으로 할 경우에는 반드시 이해해야 할 것입니다. 각각의 알고리즘들이 어떻게 정렬을 하고, 각각의 알고리즘들의 시간 및 공간 복잡도를 이해하면 응용 프로그램을 작성할 경우에 활용하기가 용이할 것입니다.

탐색 알고리즘

탐색 알고리즘은 주어진 자료구조에서 원하는 정보를 빠르게 검색하기 위해 사용하는 알고리즘입니다. 그러므로 여러 개의 자료를 한꺼번에 보관하는 리스트, 트리, 그래프 자료구조에서 탐색하는 각각의 알고리즘들이 존재합니다.

리스트에서 탐색 알고리즘

❶ **선형 탐색 (Linear Search)**

- **설명** : 리스트의 첫 번째 요소부터 마지막 요소까지 순차적으로 탐색하여 특정

값을 찾는 방법입니다.

- **시간 복잡도** : O(n) - 최악의 경우 리스트의 모든 요소를 탐색해야 합니다.
- **특징** : 정렬되지 않은 리스트에서도 사용할 수 있으며, 구현이 매우 간단합니다.

❷ 이진 탐색 (Binary Search)

- **설명** : 리스트가 정렬된 상태에서 사용할 수 있는 탐색 알고리즘으로, 리스트의 중간 요소와 찾고자 하는 값을 비교하여 탐색 범위를 절반으로 줄여가며 찾습니다.
- **시간 복잡도** : O(log n) - 리스트를 매번 반으로 나누기 때문에 매우 효율적입니다.
- **특징** : 리스트가 정렬되어 있어야만 사용할 수 있으며, 재귀적 또는 반복적으로 구현할 수 있습니다.

트리에서 탐색 알고리즘

❶ 깊이 우선 탐색 (Depth-First Search, DFS)

깊이 우선 탐색은 트리의 루트부터 시작하여 한 방향으로 깊게 탐색하다가 더 이상 갈 수 없을 때 되돌아와 다른 방향을 탐색하는 방법입니다.

종류 :

- 전위 순회 (Pre-order Traversal)
  - **설명** : 루트를 먼저 방문하고, 왼쪽 서브트리, 오른쪽 서브트리 순으로 탐색합니다.
  - **순서** : 루트 -> 왼쪽 서브트리 -> 오른쪽 서브트리
  - **용도** : 복사나 삭제 연산에 유용합니다.
- 중위 순회 (In-order Traversal)
  - **설명** : 왼쪽 서브트리를 먼저 탐색하고, 루트를 방문한 후, 오른쪽 서브트리를 탐색합니다.
  - **순서** : 왼쪽 서브트리 -> 루트 -> 오른쪽 서브트리
  - **용도** : 이진 탐색 트리에서 중위 순회를 하면 정렬된 순서로 노드를 방문하게 됩니다.

- 후위 순회 (Post-order Traversal)
  - **설명** : 왼쪽 서브트리, 오른쪽 서브트리를 먼저 탐색하고, 마지막에 루트를 방문합니다.
  - **순서** : 왼쪽 서브트리 -> 오른쪽 서브트리 -> 루트
  - **용도** : 트리의 삭제나 해제 연산에 유용합니다.
- 레벨 순서 탐색 (Level-order Traversal)
  - **설명** : 트리의 루트부터 시작하여 같은 레벨의 노드를 왼쪽에서 오른쪽 순서로 탐색합니다.
  - **순서** : 루트 -> 레벨별로 왼쪽에서 오른쪽으로
  - **용도** : 넓이 우선 탐색 (BFS)과 동일하며, 트리의 각 레벨을 순서대로 탐색할 때 유용합니다.

❷ 너비 우선 탐색 (Breadth-First Search, BFS)

너비 우선 탐색은 트리의 루트부터 시작하여 같은 레벨의 모든 노드를 탐색한 후, 다음 레벨로 이동하는 방법입니다.

- **설명** : 큐를 사용하여 루트 노드를 큐에 넣고, 큐에서 노드를 꺼내면서 해당 노드의 자식을 다시 큐에 넣는 방식으로 탐색합니다.
- **용도** : 최단 경로 탐색에 유용합니다. 트리의 레벨별 노드 처리 시 사용됩니다.
- **시간 복잡도** : O(V + E) - 여기서 V는 노드 수, E는 간선 수입니다.

❸ 이진 탐색 트리 탐색 (Binary Search Tree Search)

이진 탐색 트리는 왼쪽 자식이 부모보다 작고, 오른쪽 자식이 부모보다 큰 특성을 가지는 트리입니다.

- **설명** : 루트부터 시작하여 찾고자 하는 값이 현재 노드보다 작으면 왼쪽 서브트리로, 크면 오른쪽 서브트리로 이동하면서 탐색합니다.
- **시간 복잡도** : 평균 O(log n), 최악 O(n) - 트리가 균형잡혀 있을 때는 효율적이나, 불균형한 경우 성능이 저하될 수 있습니다.
- **용도** : 정렬된 데이터를 효율적으로 탐색할 때 사용됩니다.

▶ 그래프에서 탐색 알고리즘

❶ 깊이 우선 탐색 (Depth-First Search, DFS)

깊이 우선 탐색은 그래프의 루트(시작) 노드부터 시작하여 한 방향으로 깊게 탐색하다가 더 이상 갈 수 없을 때 되돌아와 다른 방향을 탐색하는 방법입니다.

- **설명** : 스택을 사용하거나 재귀 호출을 통해 구현할 수 있습니다. 방문한 노드를 다시 방문하지 않도록 표시합니다.
- **시간 복잡도** : O(V + E) - 여기서 V는 노드 수, E는 간선 수입니다.
- **특징** : 경로 탐색, 연결 요소 찾기, 사이클 탐지 등에 유용합니다.

❷ 너비 우선 탐색 (Breadth-First Search, BFS)

너비 우선 탐색은 그래프의 루트(시작) 노드부터 시작하여 인접한 모든 노드를 탐색한 후, 다음 레벨의 노드로 이동하는 방법입니다.

- 설명 : 큐를 사용하여 구현합니다. 시작 노드를 큐에 넣고, 큐에서 노드를 꺼내면서 해당 노드의 자식을 다시 큐에 넣는 방식으로 탐색합니다.
- **시간 복잡도** : O(V + E)
- **특징** : 최단 경로 탐색, 레벨 탐색에 유용합니다.

❸ 다익스트라 알고리즘 (Dijkstra's Algorithm)

다익스트라 알고리즘은 가중치가 있는 그래프에서 단일 출발점으로부터 다른 모든 노드까지의 최단 경로를 찾는 알고리즘입니다.

- **설명** : 우선순위 큐(최소 힙)를 사용하여 가장 짧은 경로를 탐색합니다. 시작 노드에서 출발하여 인접한 노드로의 최단 거리를 반복적으로 갱신합니다.
- **시간 복잡도** : O((V + E) log V)
- **특징** : 음의 가중치가 없는 그래프에서 사용됩니다. 네트워크 경로 최적화, 지도 네비게이션 등에 유용합니다.

이 탐색 알고리즘들은 데이터의 정렬 여부와 데이터 분포, 데이터의 크기 등에 따라 적절하게 선택하여 사용할 수 있습니다. 각 알고리즘의 특성과 시간복잡도를 고려하여 최적의 탐색 방법을 선택하는 것이 중요합니다.

프로그래밍 언어의 개념

프로그래밍을 하기 위해서는 프로그래밍 언어를 사용해야 합니다. 프로그래밍 언어는 컴퓨터가 이해하고 실행할 수 있는 명령어의 집합입니다. 사람들의 세상에서 한국어, 영어, 프랑스어 등 다양한 언어가 있는 것처럼 컴퓨터의 세계에서도 다양한 종류의 프로그래밍 언어들이 있습니다.

주요 프로그래밍 언어

- Python
  - **특징** : 간결하고 읽기 쉬운 문법을 제공하여 초보자에게 적합하며, 다양한 라이브러리와 프레임워크를 통해 데이터 분석, 인공지능, 웹 개발 등 다방면에서 활용됩니다.
  - **사용 예시** : 웹 애플리케이션(Django, Flask), 데이터 분석(Pandas, NumPy), 인공지능(TensorFlow, PyTorch)
- Java
  - **특징** : 객체지향 프로그래밍 언어로 플랫폼 독립성을 가지며, 다양한 운영체제에서 실행 가능합니다. 대규모 엔터프라이즈 애플리케이션에 적합합니다.
  - **사용 예시** : 안드로이드 애플리케이션 개발, 서버 애플리케이션(Spring), 금융 시스템
- C++
  - **특징** : 고성능 응용 프로그램을 개발하는 데 적합한 언어로, 시스템 소프트웨어, 게임 개발, 실시간 시뮬레이션 등에서 사용됩니다.
  - **사용 예시** : 게임 엔진(Unreal Engine), 시스템 소프트웨어, 임베디드 시스템
- JavaScript
  - **특징** : 웹 개발을 위한 대표적인 언어로, 클라이언트와 서버 측 모두에서 사용됩니다. 다양한 라이브러리와 프레임워크가 존재합니다.
  - **사용 예시** : 웹 프론트엔드(React, Angular), 서버 사이드(Node.js), 모바일 애플리케이션(React Native)

프로그래밍 언어 선택 기준

프로그래밍 언어를 선택할 때 고려해야 할 주요 기준은 다음과 같습니다:

❶ 프로젝트 유형 : 웹 개발, 모바일 앱 개발, 데이터 분석, 게임 개발 등 프로젝트의 성격에 따라 적합한 언어를 선택해야 합니다.

❷ 성능 : 응용 프로그램의 성능 요구 사항에 따라 적합한 언어를 선택합니다. 예를 들어, 고성능을 요구하는 시스템 소프트웨어는 C++을, 빠른 개발과 유지보수가 필요한 웹 애플리케이션은 Python을 선택할 수 있습니다.

❸ 생태계와 커뮤니티 : 언어의 생태계와 커뮤니티 지원이 중요한데, 이는 라이브러리, 프레임워크, 온라인 지원의 양과 질에 영향을 미칩니다.

❹ 개발자 경험 : 언어의 배우기 쉬움, 코드 가독성, 생산성 등을 고려하여 개발자가 효율적으로 작업할 수 있는 언어를 선택합니다.

프로그래밍 언어는 도구입니다. 각 도구는 특정한 목적과 상황에서 최상의 성능을 발휘합니다. 따라서 여러 언어의 장단점을 이해하고, 적절한 상황에서 적합한 언어를 선택하여 사용하는 것이 중요합니다.

프로그래밍 언어의 역사와 발전

프로그래밍 언어의 역사는 컴퓨터가 발전해 온 과정과 밀접하게 연관되어 있습니다. 다음은 코딩의 역사와 발전 과정을 간략하게 정리한 것입니다.

1950년대: 코딩의 시작

- **어셈블리 언어** : 코딩의 역사는 1950년대 어셈블리 언어로 시작되었습니다. 어셈블리 언어는 기계어와 1:1로 대응하는 저수준 언어로, 인간이 이해하기 어려운 기계어 명령을 기억하기 쉬운 기호로 표현한 것입니다.
- **FORTRAN** : 1957년, 최초의 고급 프로그래밍 언어인 FORTRAN(Formula Translation)이 개발되었습니다. 과학 계산과 공학적 응용을 위해 설계된 이 언어

는 프로그래밍 생산성을 크게 향상시켰습니다.

- COBOL : 1959년, 경영과 행정 업무에 사용하기 위해 COBOL(Common Business-Oriented Language)이 개발되었습니다. 이는 비즈니스 데이터 처리에 널리 사용되었습니다.

1970년대: 현대 프로그래밍 언어의 기초

- C 언어 : 1972년, 데니스 리치(Dennis Ritchie)가 벨 연구소에서 C 언어를 개발하였습니다. C 언어는 시스템 소프트웨어 개발에 큰 영향을 미쳤으며, 현재 많은 현대 프로그래밍 언어의 기초가 되었습니다.
- UNIX : C 언어는 유닉스(UNIX) 운영체제를 작성하는 데 사용되었고, 이는 현대 운영체제 개발에 큰 영향을 주었습니다.

1980년대: 객체지향 프로그래밍의 등장

- C++ : 1983년, Bjarne Stroustrup이 C 언어에 객체지향 프로그래밍(OOP) 개념을 추가하여 C++을 개발하였습니다. 이는 소프트웨어 재사용성과 유지보수성을 크게 향상시켰습니다.
- Smalltalk : 객체지향 프로그래밍 언어로 Smalltalk이 개발되었으며, 이는 GUI(Graphical User Interface)의 개념을 도입하는 데 중요한 역할을 했습니다.

1990년대: 인터넷과 웹 프로그래밍의 부상

- Java : 1995년, 썬 마이크로시스템즈(Sun Microsystems)에서 개발한 Java는 플랫폼 독립성을 제공하는 언어로, "Write Once, Run Anywhere"라는 슬로건으로 인기를 끌었습니다. 이는 웹 애플리케이션과 모바일 애플리케이션 개발에 널리 사용되었습니다.
- JavaScript : 1995년, Netscape에서 개발한 JavaScript는 웹 페이지의 동적 콘텐츠를 처리하기 위한 언어로, 현재 모든 웹 브라우저에서 기본적으로 지원되는 필수 언어가 되었습니다.

- **PHP** : 1995년, PHP는 서버 측 스크립트 언어로 웹 개발에 널리 사용되며, 오픈 소스 웹 애플리케이션의 기초가 되었습니다.

2000년대 이후: 다변화와 현대화

- **Python** : 1991년에 처음 등장했지만 2000년대에 들어와 인공지능, 데이터 과학, 웹 개발 등 다양한 분야에서 폭넓게 사용되며 인기를 끌고 있습니다. 문법이 간결하고 배우기 쉬워 많은 개발자들이 사용합니다.
- **Swift** : 2014년, Apple이 iOS와 macOS 애플리케이션 개발을 위해 만든 언어입니다. Swift는 기존 Objective-C의 복잡성을 줄이고, 더 안전하고 빠른 코드를 작성할 수 있도록 설계되었습니다.
- **Kotlin** : 2011년 JetBrains에서 개발한 Kotlin은 안드로이드 애플리케이션 개발에 최적화된 언어로, 현재는 공식적으로 안드로이드 개발을 위한 주요 언어로 사용되고 있습니다.
- **Go** : 2009년, Google에서 개발한 Go 언어는 단순성과 효율성을 강조하며, 대규모 시스템과 클라우드 서비스 개발에 널리 사용되고 있습니다.

프로그래밍 언어는 이처럼 지속적으로 발전해왔으며, 새로운 기술과 요구에 맞추어 다양한 언어가 출현하고 있습니다. 앞으로도 코딩의 발전은 멈추지 않을 것이며, 우리는 더욱 다양한 언어와 도구를 접하게 될 것입니다.

코딩 방법

코딩 방법에는 크게 두 가지가 있습니다. 블록 코딩과 텍스트 코딩입니다. 각 방법은 학습자의 수준과 목표에 따라 적합한 선택이 될 수 있습니다.

블록 코딩

블록 코딩은 초보자나 비전공자들이 코딩의 기초 개념을 쉽게 배울 수 있도록 도와줍니다. 이 방법은 블록을 끌어다 놓아 프로그램을 만드는 방식으로, 직관적이고 재미있게 코딩을 학습할 수 있습니다.

- **대표적인 도구 :**
  - **스크래치 (Scratch)** : MIT에서 개발한 교육용 프로그래밍 도구로, 다양한 블록을 조립하여 애니메이션, 게임 등을 만들 수 있습니다. 사용자 인터페이스가 직관적이며, 초등학생부터 사용할 수 있습니다.
  - **엔트리 (Entry)** : 네이버 커넥트재단에서 개발한 블록 코딩 도구로, 스크래치와 유사한 인터페이스를 제공합니다. 한국어 지원이 잘 되어 있어 국내 초중고 학생들이 많이 사용합니다.

블록 코딩은 코딩의 논리적 사고와 문제 해결 능력을 기르는 데 매우 유용하며, 어린 학생들이나 코딩을 처음 접하는 사람들이 흥미를 가지고 시작할 수 있습니다.

텍스트 코딩

텍스트 코딩은 블록 코딩에 익숙해졌거나, 더 전문적인 프로그램을 작성하고자 하는 경우에 적합한 방법입니다. 이 단계에서는 실제 코드 문장을 작성하며 프로그래밍 언어의 문법과 구조를 익힙니다.

- **대표적인 언어:**
  - **Python** : 배우기 쉬운 문법과 강력한 라이브러리 지원으로 인해 초보자뿐만 아니라 전문가들에게도 인기가 많습니다. 데이터 분석, 인공지능, 웹 개발 등 다양한 분야에서 활용됩니다.
  - **JavaScript** : 웹 개발의 필수 언어로, 프론트엔드와 백엔드 모두에서 사용됩니다. 웹 페이지를 동적으로 만들고, 다양한 인터랙션을 구현할 수 있습니다.

텍스트 코딩은 다음과 같은 장점이 있습니다:

- **직접적인 제어** : 블록 코딩과 달리 텍스트 코딩은 코드의 세부적인 부분까지 직접 제어할 수 있습니다.
- **복잡한 응용 프로그램 개발** : 게임, 웹 애플리케이션, 모바일 애플리케이션 등 복잡

한 프로그램을 개발할 수 있습니다.

- **다양한 프레임워크와 라이브러리 사용** : 다양한 오픈소스 프레임워크와 라이브러리를 활용하여 개발 생산성을 높일 수 있습니다.

학습 방법

- **간단한 프로젝트** : 텍스트 코딩을 배울 때 간단한 애플리케이션이나 웹사이트를 만들어 보는 것이 좋습니다. 예를 들어, To-Do 리스트 애플리케이션이나 개인 블로그 웹사이트를 만드는 프로젝트를 통해 실용적인 경험을 쌓을 수 있습니다.
- **온라인 학습 플랫폼** : Codecademy, Coursera, edX 등 다양한 온라인 플랫폼에서 코딩 강의를 수강할 수 있습니다.
- **커뮤니티 참여** : GitHub, Stack Overflow 등의 커뮤니티에 참여하여 다른 개발자들과 소통하고, 협업 프로젝트에 참여하면서 실력을 키울 수 있습니다.

블록 코딩과 텍스트 코딩은 각각의 장점이 있으며, 단계별로 학습함으로써 더 깊이 있는 프로그래밍 능력을 키울 수 있습니다.

코딩 교육 도구

코딩 교육 도구는 블록 기반과 텍스트 기반으로 나눌 수 있습니다. 각 도구는 사용자의 수준과 필요에 맞게 선택할 수 있습니다.

블록 기반 코딩 도구

스크래치 (Scratch)

- **설명** : Scratch는 MIT에서 개발한 블록 코딩 도구로, 어린이들이 쉽게 코딩을 배울 수 있도록 설계되었습니다. 블록을 끌어다 놓아 프로그램을 만들 수 있으며, 다양한 프로젝트를 통해 창의력을 기를 수 있습니다.
- **특징** : 직관적인 인터페이스, 다양한 커뮤니티 프로젝트 공유
- **사이트 주소** : https://scratch.mit.edu

(스크래치 홈페이지 화면)

엔트리 (Entry)

- **설명** : 엔트리는 네이버의 비영리교육기관인 커넥트재단에서 무료로 운영하는 프로그래밍 언어입니다. 엔트리는 SW교육 의무화와 함께 전국의 초등/중학교 교과서에 채택되었습니다. 이에 맞춰 다양한 학습 콘텐츠와 편리하게 수업을 진행할 수 있는 기능을 제공합니다.
- **특징** : 한국어 지원, 다양한 학습 콘텐츠 제공, 학교 교육과정과 연계
- **사이트 주소** : https://playentry.org

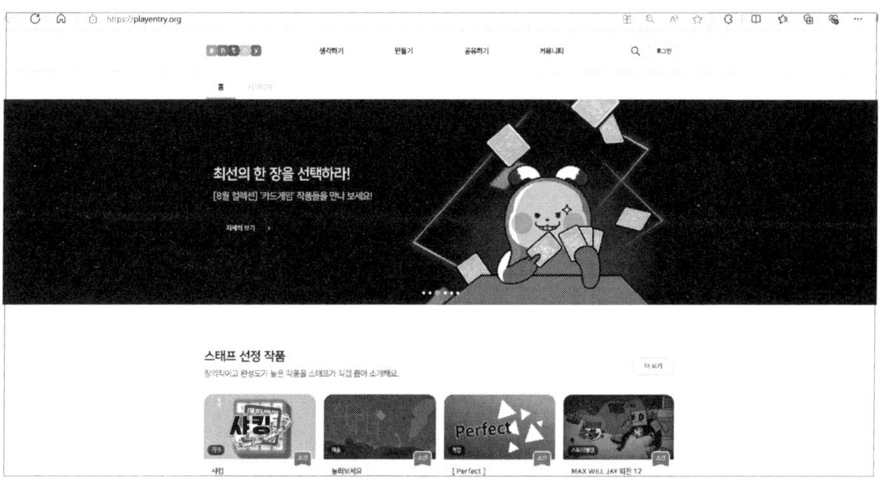

(엔트리 홈페이지 화면)

텍스트 기반 코딩 도구

비주얼 스튜디오 코드 (Visual Studio Code)

- **설명** : Visual Studio Code는 마이크로소프트에서 개발한 코드 편집기로, 고급 프로그래머를 위한 강력한 기능을 제공합니다. 다양한 확장 기능을 통해 개발 환경을 맞춤 설정할 수 있습니다.
- **특징** : 다양한 확장 기능, 강력한 디버깅 도구, 멀티 언어 지원
- **사이트 주소** : https://code.visualstudio.com

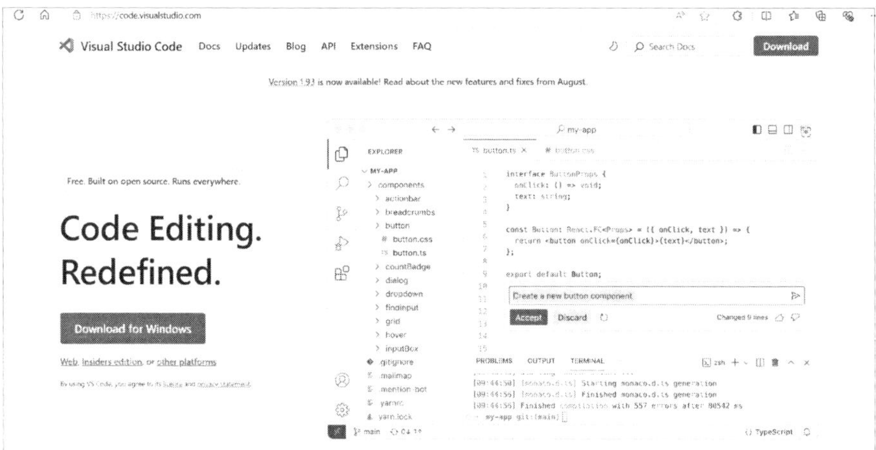

(비쥬얼 스튜디오 코드 홈페이지 화면)

파이참 (PyCharm)

- **설명** : 파이참은 파이썬 개발을 위한 IDE로, 코드 분석, 디버깅, 유닛 테스트 등을 쉽게 할 수 있습니다. 초보자와 전문가 모두에게 적합한 도구입니다.
- **특징** : 파이썬 특화 기능, 지능형 코드 보완, 통합 개발 환경
- **사이트 주소** : https://www.jetbrains.com

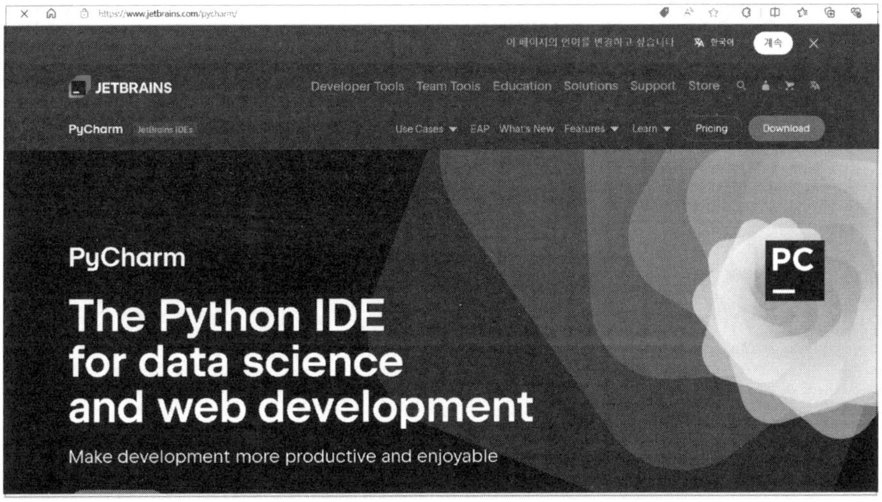

(파이참 홈페이지 화면)

이러한 도구들은 각각의 특성과 장점이 있어 다양한 프로그래밍 교육 환경에서 유용하게 사용될 수 있습니다. 블록 기반 도구는 코딩에 처음 입문하는 초보자들에게 적합하며, 텍스트 기반 도구는 보다 깊이 있는 프로그래밍 지식을 습득하고자 하는 사용자에게 적합합니다.

코딩 교육 관련 플랫폼 및 사이트

코딩 교육을 위한 다양한 온라인 플랫폼과 사이트는 학습자들이 코딩을 쉽게 배우고 실습할 수 있도록 도와줍니다. 아래는 대표적인 코딩 교육 플랫폼과 사이트입니다.

Code.org

- **설명** : Code.org는 비영리 단체에서 운영하는 온라인 코딩 교육 플랫폼입니다. 스크래치 언어 기반의 다양한 튜토리얼과 강의를 통해 초보자도 쉽게 코딩을 배울 수 있습니다. 특히 초등학생부터 성인까지 모두에게 적합한 교육 자료를 제공합니다.
- **특징** : 사용자 친화적인 인터페이스, 다양한 연령대와 수준별 교육 콘텐츠, 무료 제공
- **사이트 주소** :https://code.org

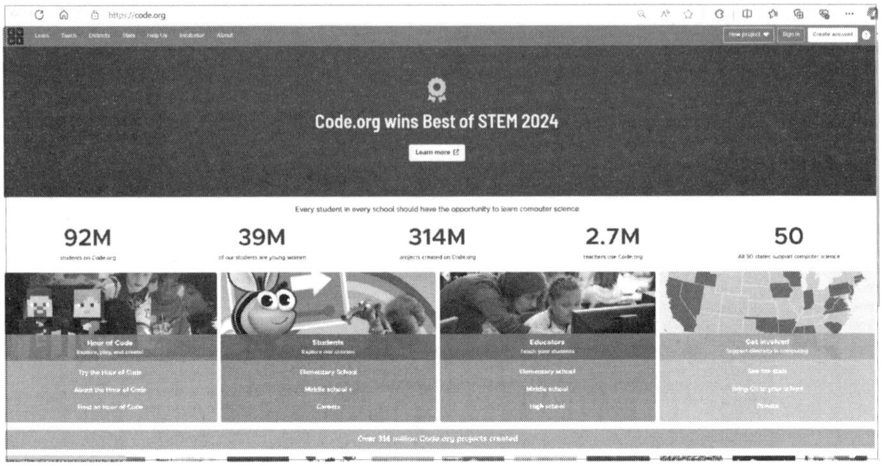

(code.org 홈페이지 화면)

Google Colab

- **설명** : Google Colab은 브라우저 기반의 Python 개발 환경을 제공하며, 머신러닝, 데이터 분석 등 다양한 분야에서 활용할 수 있습니다. 설치가 필요 없으며, Google Drive와 통합되어 쉽게 파일을 저장하고 공유할 수 있습니다.
- **특징** : 무료 제공, 강력한 컴퓨팅 리소스, 협업 기능, Jupyter 노트북 기반
- **사이트 주소** : https://colab.google

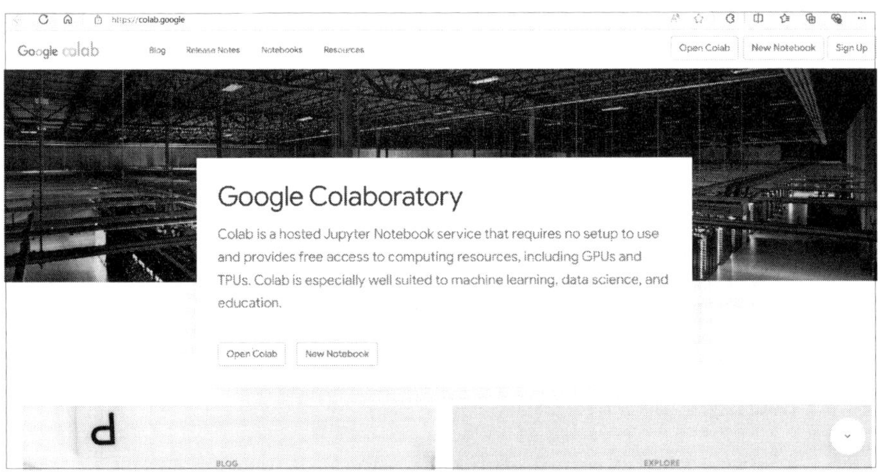

(구글 코랩 홈페이지 화면)

GitHub

- **설명** : GitHub는 버전 관리와 협업을 위한 플랫폼으로, 개발자들이 코드를 공유하고 협업할 수 있습니다. 오픈 소스 프로젝트에 기여할 수 있는 기회를 제공하며, 다양한 프로젝트를 통해 실력을 쌓을 수 있습니다.
- **특징** : 버전 관리 기능, 협업 도구, 오픈 소스 프로젝트 참여, 강력한 커뮤니티
- **사이트 주소** : https://github.com

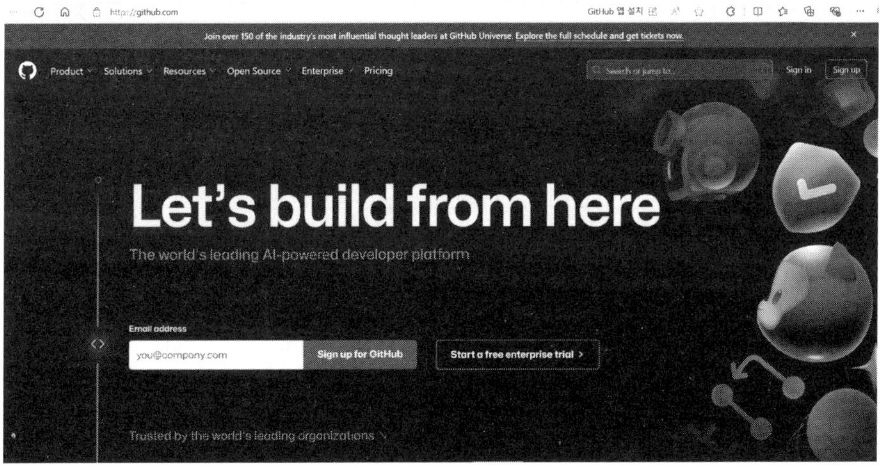

(깃허브 홈페이지 화면)

이러한 플랫폼과 사이트는 학습자들이 이론과 실습을 병행하여 효과적으로 코딩을 배울 수 있도록 도와줍니다. 또한, 협업과 실전 경험을 통해 더욱 깊이 있는 학습이 가능합니다.

정보문해력 지수 측정

컴퓨터 지식에 관한 부문

정보문해력은 컴퓨터 및 정보기술을 효율적으로 사용하고 이해하는 능력을 평가하는 지수입니다. 아래는 컴퓨터 지식에 관한 부문을 레벨별로 정리한 것입니다.

레벨	판단기준 및 설명	예	아니오
1	· 전원 관리: 전원 버튼을 사용하여 컴퓨터를 켜고, 시스템 종료 버튼을 사용하여 끌 수 있다.		
2	· 응용 프로그램 관리: 사용하고자 하는 응용 프로그램을 실행하고 종료할 수 있다. · 파일 탐색: 파일 탐색기를 사용하여 파일과 폴더를 탐색할 수 있다.		
3	· 파일 및 폴더 관리: 파일 및 폴더를 생성, 삭제, 이동할 수 있다. · 응용 프로그램 설치 및 삭제: 응용 프로그램을 설치하고 삭제할 수 있다.		
4	· 기본 설정 변경: 컴퓨터의 기본 설정을 변경할 수 있다. · 인터넷 연결: Wi-Fi 설정을 통해 인터넷에 연결할 수 있다.		
5	· 운영체제 관리: 운영체제를 새로 설치하거나 업데이트할 수 있다. · 디스크 관리: 디스크를 관리하고 청소할 수 있다.		
6	· 오류 메시지 처리: 기본 오류 메시지를 이해하고 문제를 해결할 수 있다. · 시스템 복원: 시스템을 복원할 수 있다.		
7	· 하드웨어 이해: CPU, RAM, HDD, SSD 등의 하드웨어를 이해하고 설명할 수 있다. · 하드웨어 추가/교체: 하드웨어를 추가하거나 교체할 수 있다.		
8	· 드라이버 관리: 드라이버를 설치하고 업데이트할 수 있다.		
9	· 보안 관리: 백신 프로그램을 설치하고 설정할 수 있다.		
10	· 고급 설정 변경: BIOS/UEFI 설정을 변경할 수 있다. · 방화벽 관리: 방화벽을 설정하고 관리할 수 있다.		

이와 같은 단계별 정보문해력 측정 지수는 개인의 컴퓨터 사용 능력을 체계적으로 평가하고, 필요에 따라 개선할 수 있는 방향을 제시하는 데 유용합니다. 각 레벨에 대한 목표를 설정하고 학습하면 점진적으로 정보문해력을 향상시킬 수 있습니다.

소프트웨어 활용 능력 부문

소프트웨어 활용 능력은 다양한 소프트웨어 도구를 효과적으로 사용하여 작업을 수행하는 능력을 평가하는 지수입니다. 아래는 소프트웨어 활용 능력 부문을 레벨별로 정리한 것입니다.

레벨	판단기준 및 설명	예	아니오
1	· 문서 작성 도구 기본 사용: 문서 작성 도구를 사용하여 텍스트를 입력하고 기본 서식을 설정할 수 있다. · 문서 저장 및 불러오기: 문서를 저장하고 불러올 수 있다.		
2	· 인터넷 검색: 인터넷을 통해 원하는 정보를 검색할 수 있다.		
3	· 스프레드시트 기본 사용: 스프레드시트 도구를 사용하여 데이터를 입력하고 합계 및 평균 등 기본 수식을 사용할 수 있다. · 셀 서식 설정: 셀의 서식을 설정할 수 있다.		
4	· 프레젠테이션 도구 기본 사용: 프레젠테이션 도구를 사용하여 슬라이드를 작성하고 텍스트와 이미지를 삽입할 수 있다. · 타자 속도: 타자 입력이 분당 200타 이상 가능하다.		
5	· 문서 도구 고급 사용: 문서 도구에서 스타일을 적용하고 표를 삽입할 수 있다.		
6	· 문서 머리글과 바닥글 설정: 머리글과 바닥글을 설정할 수 있다.		
7	· 프레젠테이션 애니메이션 사용: 프레젠테이션 도구에서 애니메이션과 멀티미디어를 삽입할 수 있다. · 템플릿 활용: 템플릿을 활용하여 일관된 디자인을 유지할 수 있다.		
8	· 데이터 시각화: 데이터를 시각적으로 표현하는 차트를 생성할 수 있다.		
9	· 스프레드시트 고급 함수 사용: 스프레드시트 도구에서 다양한 함수를 활용할 수 있다.		
10	· 구글 설문 활용: 구글 설문 기능을 활용할 수 있다. · 구글 클라우드 문서 작성: 구글 클라우드 문서 작성을 이용해서 팀별 시간표를 작성할 수 있다.		

이와 같은 단계별 소프트웨어 활용 능력 측정 지수는 개인의 소프트웨어 사용 능력을 체계적으로 평가하고, 필요에 따라 개선할 수 있는 방향을 제시하는 데 유용합니다. 각 레벨에 대한 목표를 설정하고 학습하면 점진적으로 소프트웨어 활용 능력을 향상시킬 수 있습니다.

프로그래밍 능력 부문

프로그래밍 능력은 코딩을 통해 문제를 해결하고 소프트웨어를 개발하는 능력을 평가하는 지수입니다. 아래는 프로그래밍 능력 부문을 레벨별로 정리한 것입니다.

레벨	판단기준 및 설명	예	아니오
1	· 블록 코딩: 블록 코딩 도구를 사용하여 간단한 프로그램을 만들 수 있다.		
2	· 변수와 기본 연산: 변수와 기본 연산을 사용할 수 있다.		
3	· 조건문과 반복문: 조건문(if)과 반복문(for, while)을 이해하고 사용할 수 있다.		
4	· 함수와 모듈: 함수와 모듈을 정의하고 호출할 수 있다.		
5	· 텍스트 기반 프로그래밍: Python이나 JavaScript와 같은 텍스트 기반 프로그래밍 언어로 간단한 코드를 작성할 수 있다. · 기초 자료구조: 스택과 큐의 개념을 이해하고 사용할 수 있다.		
6	· 파일 처리: 파일을 읽고 쓸 수 있다. · 예외 처리: 예외 처리(Try-Except)를 사용할 수 있다.		
7	· 객체 지향 프로그래밍: 클래스와 객체를 생성할 수 있다. · 상속과 다형성: 상속과 다형성을 이해하고 사용할 수 있다.		
8	· 고급 자료구조: 스택, 큐, 트리, 그래프와 같은 고급 데이터 구조를 이해하고 사용할 수 있다. · 알고리즘 구현: 정렬 및 검색 알고리즘을 구현할 수 있다.		
9	· 웹 개발 기본: HTML, CSS, JavaScript를 사용하여 웹 애플리케이션을 개발할 수 있다. · 웹사이트 개발: 간단한 웹사이트를 만들 수 있다.		
10	· 대규모 소프트웨어 프로젝트 관리: 대규모 소프트웨어 프로젝트를 관리할 수 있다. · 협업 및 버전 관리: 협업 및 버전 관리 도구를 사용할 수 있다(Git, GitHub).		

이와 같은 단계별 프로그래밍 능력 측정 지수는 개인의 코딩 및 소프트웨어 개발 능력을 체계적으로 평가하고, 필요에 따라 개선할 수 있는 방향을 제시하는 데 유용합니다. 각 레벨에 대한 목표를 설정하고 학습하면 점진적으로 프로그래밍 능력을 향상시킬 수 있습니다.

2 단계

문제 해결 능력 교육 과정

코딩 교육의 2단계는 창의적으로 문제를 해결하는 능력을 향상하기 위한 교육 단계입니다. 이 단계는 학생들이 주어진 문제에 대해 스스로 해결 방법을 찾아나가는 과정을 학습하는 것을 목표로 합니다.

우리는 일상적으로 어떤 문제에 직면했을 때 다양한 방법으로 그 문제를 해결하게 됩니다. 쉬운 문제는 바로 떠오르는 생각으로 해결하기도 하고, 깊이 생각하거나 주위의 자문을 통해 해결하기도 합니다.

여기서는 주어진 문제를 조금 더 체계적으로 해결하기 위한 방법을 제시하고자 합니다. 전체적인 문제 해결 과정은 다음과 같습니다.

① 문제 정의하기

진짜 문제를 정의하기

문제 해결의 첫 단계는 문제를 명확하게 정의하는 것입니다. 진짜 문제를 정의하기 위해서는 문제의 본질을 파악하고, 문제를 구성하는 요소들을 분석해야 합니다.

- **문제 식별** : 문제의 존재를 인식하고, 문제를 해결할 필요성을 이해합니다.
- **문제 분석** : 문제를 구성하는 요소들을 세분화하여 분석합니다. 이 과정에서 원인과 결과를 파악하고, 문제의 범위를 명확히 합니다.
- **문제 명확화** : 문제의 본질을 파악하고, 이를 구체적이고 명확하게 서술합니다.

예제

어떤 회사의 웹사이트가 사용자로부터 많은 불만을 받고 있다고 가정합니다. 이 경우 문제를 정의하는 단계에서는 다음과 같은 질문을 던질 수 있습니다:

- 사용자 불만의 주요 원인은 무엇인가?
- 불만이 제기된 기능이나 서비스는 무엇인가?
- 불만의 빈도와 심각도는 어느 정도인가?

이를 통해 문제를 다음과 같이 정의할 수 있습니다: "사용자가 웹사이트의 로딩 속도에 대해 불만을 제기하고 있으며, 이는 사용자 경험에 부정적인 영향을 미치고 있다. 이를 어떻게 하면 개선할 수 있을까?“

② 아이디어 창출하기

브레인스토밍을 통해 최대한 많은 아이디어 창출하기

아이디어 창출 단계에서는 가능한 한 많은 해결 방안을 모색하는 것이 중요합니다. 브레인스토밍을 통해 창의적인 아이디어를 자유롭게 제시하고, 비판 없이 다양한 관점을 탐색합니다.

- **브레인스토밍 규칙 설정** : 비판 금지, 자유로운 발상, 양산, 결합 및 개선.
- **아이디어 기록** : 모든 아이디어를 기록하고, 가능한 한 많은 아이디어를 제시합니다.
- **자유로운 참여** : 모든 팀원이 자유롭게 의견을 제시하고, 서로의 아이디어를 확장합니다.

예제

웹사이트 로딩 속도를 개선하기 위한 브레인스토밍 세션에서 다음과 같은 아이디어가 나올 수 있습니다:

- 이미지 최적화
- 캐싱 사용
- 서버 업그레이드
- 코드 최적화
- 콘텐츠 배포 네트워크(CDN) 사용

③ 아이디어 다듬기

아이디어 그룹화 / 그룹별 대표 아이디어 만들기 / 그룹 간 융합 아이디어 만들기

아이디어 다듬기 단계에서는 창출된 아이디어를 분류하고, 관련된 아이디어를 그룹화하여 대표 아이디어를 선정합니다. 이 과정에서 그룹 간 융합을 통해 더욱 발전된 아이디어를 도출합니다.

- **아이디어 분류** : 유사한 아이디어를 그룹으로 묶습니다.
- **대표 아이디어 선정** : 각 그룹에서 가장 유망한 아이디어를 대표 아이디어로 선정합니다.
- **융합 및 개선** : 그룹 간 아이디어를 결합하여 새로운 아이디어를 창출하거나, 기존 아이디어를 개선합니다.

> **예제**
>
> 웹사이트 로딩 속도를 개선하기 위한 아이디어를 다음과 같이 그룹화할 수 있습니다:
>
> • 서버 및 인프라: 서버 업그레이드, CDN 사용
> • 콘텐츠 최적화: 이미지 최적화, 코드 최적화
> • 사용자 경험: 캐싱 사용

각 그룹의 대표 아이디어를 선정하고, 이를 결합하여 다음과 같은 융합 아이디어를 도출할 수 있습니다: **"CDN을 사용하여 글로벌 콘텐츠 배포를 최적화하고, 이미지와 코드를 최적화하여 로딩 속도를 개선하며, 캐싱을 통해 사용자 경험을 향상시킨다."**

④ 아이디어 평가하기

최종 아이디어 선정하기 / 최종 아이디어 보완하기

아이디어 판단 단계에서는 생성된 아이디어를 평가하고, 최종적으로 실행할 아이디어를 선정합니다. 이 과정에서 아이디어의 실현 가능성, 효과, 자원 등을 고려합니다.

- **평가 기준 설정** : 실현 가능성, 비용, 효과, 시간 등의 평가 기준을 설정합니다.
- **아이디어 평가** : 각 아이디어를 설정된 기준에 따라 평가합니다.
- **최종 선정** : 평가 결과를 바탕으로 최종 아이디어를 선정하고, 필요시 보완합니다.

> **예제**
>
> 평가 기준에 따라 아이디어를 평가한 결과, "CDN을 사용하여 글로벌 콘텐츠 배포를 최적화하고, 이미지와 코드를 최적화하며, 캐싱을 통해 사용자 경험을 향상시킨다." 아이디어가 가장 높은 점수를 받았습니다. 이를 최종 아이디어로 선정하고, 세부적인 실행 계획을 수립합니다.

⑤ 아이디어 실행하기

아이디어 적용 및 평가하기

최종 아이디어가 선정되면 이를 실행하고, 실행 결과를 평가합니다. 이 과정에서 실행 계획을 수립하고, 실행 후 평가를 통해 피드백을 얻습니다.

- **실행 계획 수립** : 목표, 단계별 계획, 필요한 자원 등을 포함한 실행 계획을 수립합니다.
- **실행** : 계획에 따라 아이디어를 실행합니다.
- **평가 및 피드백** : 실행 결과를 평가하고, 필요한 경우 피드백을 반영하여 수정 및 개선합니다.

예제

선정된 아이디어를 실행하기 위해 다음과 같은 계획을 수립합니다:

- 1단계: CDN 제공업체 선정 및 설정
- 2단계: 이미지 최적화 도구 사용 및 코드 최적화
- 3단계: 캐싱 전략 구현

실행 후 웹사이트의 로딩 속도가 개선되었는지 모니터링하고, 사용자 피드백을 수집하여 추가적인 개선 작업을 진행합니다.

결론

문제해결 능력 향상 과정은 문제를 정의하는 단계에서부터 아이디어를 창출하고, 다듬고, 판단하며, 실행하는 일련의 과정을 포함합니다. 각 단계에서 체계적인 접근과 창의적인 사고를 통해 효과적으로 문제를 해결할 수 있습니다. 이러한 과정은 코딩뿐만 아니라 다양한 문제 해결 상황에서 적용할 수 있는 유용한 방법론입니다.

3 단계

융복합역량 교육과정

문제제시능력, 즉 융복합역량은 우리 사회에 필요한 새로운 아이디어와 가치를 제시하고, 이를 실현하기 위해 팀을 구성하고 리드하며 프로젝트를 완성해나가는 능력입니다. 이 장에서는 이러한 역량을 향상시키기 위한 다양한 교육 방법과 전략을 소개합니다.

① 융복합역량의 중요성

융복합역량이란?

융복합역량은 여러 분야의 지식과 기술을 결합하여 새로운 아이디어를 창출하고, 이를 실현하기 위해 다양한 자원을 통합적으로 관리하는 능력을 의미합니다. 이는 현대 사회에서 복잡하고 다차원적인 문제를 해결하는 데 필수적인 능력입니다.

- **창의적 사고** : 다양한 분야의 지식을 융합하여 창의적인 아이디어를 도출하는 능력.
- **협력과 팀워크** : 다양한 배경을 가진 팀원들과 효과적으로 협력하는 능력.
- **리더십** : 팀을 이끌고 프로젝트를 성공적으로 완수하는 능력.
- **실행력** : 아이디어를 구체적인 실행 계획으로 전환하고, 이를 실현하는 능력.

② 창의적 아이디어 창출

아이디어 창출 기법

창의적인 아이디어를 창출하기 위해 다양한 기법을 활용할 수 있습니다. 이러한 기법은 학생들이 새로운 관점에서 문제를 바라보고, 기존의 틀을 벗어난 사고를 하도록 돕습니다.

- **브레인스토밍** : 자유롭게 아이디어를 제시하고, 비판 없이 다양한 의견을 모으는 방법.

- **SCAMPER** : Substitute, Combine, Adapt, Modify, Put to another use, Eliminate, Reverse의 약자로, 기존 아이디어를 변형하여 새로운 아이디어를 창출하는 방법.
- **마인드맵** : 문제의 주요 요소와 관련된 아이디어를 시각적으로 표현하여 창의적인 사고를 촉진하는 방법.

③ 팀 구성과 역할 분담

효과적인 팀 구성

효과적인 팀 구성은 융복합역량 향상의 중요한 요소입니다. 다양한 배경을 가진 팀원들이 협력하여 시너지 효과를 발휘할 수 있도록 구성합니다.

- **다양성 확보** : 팀원들의 다양한 배경, 지식, 기술을 고려하여 구성합니다.
- **역할 분담** : 각 팀원의 강점을 반영하여 역할을 분담합니다.
- **의사소통 촉진** : 팀원 간의 원활한 의사소통을 위한 체계를 구축합니다.

④ 프로젝트 계획 수립

구체적인 실행 계획 수립

창의적인 아이디어를 실현하기 위해서는 구체적인 실행 계획이 필요합니다. 이는 목표 설정, 자원 관리, 일정 관리 등을 포함합니다.

- **목표 설정** : 명확하고 구체적인 목표를 설정합니다.
- **자원 관리** : 프로젝트에 필요한 자원을 파악하고, 이를 효율적으로 관리합니다.
- **일정 관리** : 실행 단계를 세분화하고, 각 단계별 일정과 마일스톤을 설정합니다.

⑤ 프로젝트 실행 및 평가

프로젝트 실행

프로젝트 실행 단계에서는 계획에 따라 실제 작업을 진행합니다. 이 과정에서 팀원 간의 협력과 의사소통이 중요합니다.

- **진행 상황 모니터링** : 프로젝트 진행 상황을 지속적으로 모니터링하고, 필요시 계획을 수정합니다.
- **문제 해결** : 프로젝트 진행 중 발생하는 문제를 신속하게 해결합니다.
- **성과 측정** : 설정된 목표에 따른 성과를 측정합니다.

⑥ 평가 및 피드백

프로젝트가 완료된 후에는 평가를 통해 성과를 분석하고, 피드백을 반영하여 향후 프로젝트에 대한 개선점을 도출합니다.

- **성과 분석** : 프로젝트 목표 달성 여부와 성과를 분석합니다.
- **피드백 수집** : 팀원 및 이해관계자로부터 피드백을 수집합니다.
- **개선점 도출** : 평가 결과와 피드백을 바탕으로 향후 프로젝트에 대한 개선점을 도출합니다.

결론

문제제시능력(융복합역량)은 현대 사회에서 복잡하고 다차원적인 문제를 해결하는 데 필수적인 능력입니다. 이를 향상시키기 위해서는 창의적인 아이디어 창출, 효과적인 팀 구성과 역할 분담, 구체적인 실행 계획 수립, 그리고 프로젝트 실행 및 평가 과정이 중요합니다.

이 장에서 소개한 방법과 전략을 통해 학생들이 융복합역량을 향상시키고, 이를 바탕으로 실제 사회 문제를 해결할 수 있는 능력을 기를 수 있습니다.

CHAPTER

03 언플러그드 활동

언플러그드 활동 이란?

언플러그드(Unplugged) 코딩 활동은 학생들이 컴퓨터 없이도 코딩의 핵심 개념을 이해하고, 논리적 사고와 문제 해결 능력을 키울 수 있는 방법입니다. 이러한 활동은 컴퓨터 없이도 쉽게 접근할 수 있어, 코딩 교육의 접근성을 높이고 더 많은 학생이 창의적이고 즐겁게 학습할 수 있게 도와줍니다. 언플러그드 활동은 코딩에 대한 흥미를 불러일으키고, 기초를 탄탄히 다지며, 미래의 디지털 세상을 준비하는 데 큰 도움이 됩니다.

언플러그드 활동의 장점

- **접근성** : 컴퓨터나 인터넷 없이도 어디서나 활동을 진행할 수 있습니다.
- **창의적 사고** : 문제 해결을 위한 다양한 방법을 탐색하고 창의적으로 접근하게 합니다.
- **협동 학습** : 팀으로 활동하며 협력과 의사소통 능력을 키울 수 있습니다.
- **기초 개념 이해** : 코딩의 기본 개념을 직관적으로 이해할 수 있도록 돕습니다.

이 장에서는 코딩 교육의 기본적인 개념을 익힐 수 있는 몇 가지 언플러그드 활동을 살펴보겠습니다. 교육안대로 그대로 하셔도 되고, 학생들의 수준이나 여건에 따라 다양하게 변경하여 현장에 적용해보실 수도 있습니다.

언플러그드 활동 모음

활동 1 빨대 높이 쌓기

활동 목표 : 창의력 및 종합적 사고력 향상

팀 구성 : 1 ~ 4명

준비물 :

- 팀별 빨대 50~100개
- 가위 팀별 1개
- 칼 팀별 1개 (안전 목적으로 중학생 이상만 제공 권장)
- 줄자 1개 (활동 결과물 높이 측정용)

진행 방법 :

❶ 활동 규칙 설명 :

- **활동 목표** : 주어진 시간 내에 빨대만을 이용하여 가장 높은 건축물을 만드는 것입니다.
- **제한 사항** :
    - 풀, 테이프 등 외부 재료를 사용할 수 없습니다.
    - 빨대를 가위나 칼로 자르고, 묶고, 연결하는 것은 가능합니다.
    - 빨대 건축물은 혼자 서 있어야 하며, 손으로 잡거나 기대거나 천장에 닿으면 안 됩니다.
- **활동 시간** : 40분에서 50분으로 결정합니다.
- **팀워크** : 다른 팀원들의 아이디어를 보면서 활용 및 응용하는 것도 허용됩니다.

❷ 팀 구성:

- 학생들을 1~4명 정도의 팀으로 구성합니다.

❸ 준비물 배부:

- 칠판이나 화이트보드에 다음과 같은 표를 작성합니다.

번호	팀원	기록	순위

- 팀 대표가 앞으로 나와 화이트보드의 표에 팀원을 등록하면, 빨대 묶음과 가위(칼)를 나누어줍니다.

❹ 활동 시작:

- 모든 팀이 준비되면 시작 구호를 외치고 활동을 시작합니다.
- 활동 중에는 만들어지는 건축물의 높이를 수시로 측정할 수 있으며, 최종 하나의 건축물의 높이만을 인정합니다. 이는 진행자가 결정합니다.

❺ 활동 종료:

- 주어진 시간이 지나면 활동 종료를 선언하고, 각 팀의 건축물 높이를 측정하고 기록합니다.

❻ 결과 발표 및 공유:

- 최종 상위권 팀들의 학생을 앞으로 불러내어, 경험을 다른 학생들과 공유합니다.

이 활동을 통해 학생들은 창의적 사고를 활용해 문제를 해결하는 능력을 키울 수 있습니다. 협력과 소통을 통해 팀워크를 강화하고, 주어진 자원을 효율적으로 활용하는 방법을 배울 수 있습니다.

활동 2 필름통 정렬하기

활동 목표 : 정렬의 개념을 이해하고 본인만의 정렬 아이디어를 제안하도록 합니다. 기존의 정렬 알고리즘에 관한 지식을 배우는 것이 아닌, 창의적인 사고를 통해 정렬 방법을 스스로 찾아내는 것을 목표로 합니다.

팀 구성 : 개인별 활동

준비물 :

- 팀별로 동전이 1개부터 10개까지 들어있는 필름통 10개
- 스톱워치 (시간 측정용)

진행 방법:

❶ 활동 준비:

- 동전이 들어있는 필름통을 섞어서 구분이 되지 않게 놓습니다.

❷ 활동 설명:

- 학생에게 필름통을 흔들어보거나 손으로 무게를 느껴서 전체 필름통을 동전의 수에 따라 오름차순으로 정렬 배치하도록 설명합니다.

❸ 활동 시작:

- 시작 신호를 외치고, 학생이 활동을 시작하면 시간을 측정합니다.

❹ 정렬 완료 선언:

- 학생이 스스로 판단하여 모든 필름통이 정렬되었다고 생각하면 '정렬'이라고 외치도록 합니다.

❺ 정렬 결과 확인:

- 학생과 함께 하나씩 필름통을 개봉하여 동전의 수를 확인하고, 정렬이 올바르게 되었는지 검사합니다.

❻ 우승자 선정:

- 오류 없이 모든 필름통이 오름차순으로 정렬되었으면, 가장 짧은 시간 내에 완료한 학생을 우승자로 합니다.

이 활동을 통해 학생들은 창의적 사고를 활용해 정렬 문제를 해결하는 능력을 키울 수 있으며, 정렬의 기본 개념을 체험적으로 이해할 수 있습니다. 또한, 논리적 사고와 문제 해결 능력을 기르는 데 도움이 됩니다.

활동 3 카드 탐색 및 정렬하기

- **활동 목표:** 본 활동은 2단계로 이루어집니다. 1단계는 정렬되지 않은 카드에서 원하는 카드를 탐색하는 것이 어려움을 깨닫고, 정렬의 필요성을 인식하는 것이 목표입니다. 2단계는 본인이 원하는 카드를 빠르게 검색하기 위해 기존의 정렬 알고리즘을 학습하지 않고, 본인만의 방식으로 정렬 방법을 제안하도록 합니다.

- **팀 구성:** 개인별 활동

- **준비물:**

  - 팀별 트럼프 카드 1매
  - 스톱워치 (시간 측정용)

- **진행 방법:**

✚ 1단계: 정렬 전 카드 탐색

❶ 활동 준비 :

- 칠판이나 화이트보드에 다음과 같은 표를 준비합니다.

번호	학생 이름	1단계 정렬 전				2단계 정렬 전			
		1차 기록	2차 기록	3차 기록	평균	1차 기록	2차 기록	3차 기록	평균

❷ 무작위 카드 배치:

- 트럼프 카드를 테이블 위에 무작위로 섞어서 펼쳐 놓습니다.

❸ 카드 탐색:

- 진행자가 테이블 위의 임의의 카드 모양과 번호를 외치면서 시간 측정을 시작합니다. 예: "하트 5번!"
- 학생이 진행자가 외친 카드를 테이블에서 찾아서 손으로 가리키면, 진행자는 시간 측정을 완료하고 기록합니다.
- 탐색을 3회 반복하고 각 탐색의 소요 시간을 표에 기록한 후 평균 소요 시간을 계산합니다.

✚ 2단계: 정렬 후 카드 탐색

❶ 카드 정렬:

- 학생에게 본인이 가장 잘 탐색할 수 있도록 카드를 자유롭게 재배치하도록 요청합니다.

❷ 카드 탐색 반복:

- 학생이 카드의 재배치를 완료하면, 1단계와 동일한 방식으로 카드 탐색을 다시 진행합니다.
- 탐색을 3회 반복하고 각 탐색의 소요 시간을 표에 기록한 후 평균 소요 시간을 계산합니다.

❸ 기록 비교 및 정렬의 중요성 설명:

- 학생들에게 1단계와 2단계의 기록을 비교하여 보여줍니다.
- 빠른 탐색을 위해 정렬의 중요성을 설명하고 활동을 마무리합니다.

활동 설명 : "이번 활동은 트럼프 카드를 활용하여 정렬의 중요성을 깨닫는 것입니다. 첫 번째 단계에서는 섞여 있는 카드 중에서 원하는 카드를 찾는 시간을 측정합니다. 두 번째 단계에서는 본인만의 방식으로 카드를 정렬한 후, 다시 카드를 찾는 시간을 측정합니다. 이렇게 두 단계를 통해 정렬의 필요성과 그 효과를 체험해 보세요."

❺ 진행 예제 :

1단계 :

- 진행자가 "클로버 7번!"이라고 외칩니다.
- 학생이 카드 더미에서 클로버 7번을 찾아 손으로 가리킵니다.
- 시간 측정을 완료하고, 기록합니다.
- 이 과정을 3회 반복하여 평균 소요 시간을 계산합니다.

2단계 :

- 학생이 자신만의 방식으로 카드를 정렬합니다.
- 정렬이 완료되면, 진행자가 "클로버 7번!"이라고 외칩니다.
- 학생이 정렬된 카드 더미에서 클로버 7번을 찾아 손으로 가리킵니다.
- 시간 측정을 완료하고, 기록합니다.
- 이 과정을 3회 반복하여 평균 소요 시간을 계산합니다.

이 활동을 통해 학생들은 정렬의 중요성을 체험적으로 이해하고, 자신만의 창의적인 방법으로 문제를 해결하는 능력을 기를 수 있습니다.

활동 4 명령어 따라하기

▶ 활동 목표: 명령어의 개념을 이해하고, 명령어를 정확하게 따라하는 능력을 기르며 논리적 사고를 향상시키는 것을 목표로 합니다.

▶ 팀 구성: 2~4명

▶ 준비물:

- A4 용지 (명령어 카드 제작용)
- 펜
- 테이프
- 미로 모양이 그려진 큰 종이 (A3 크기)
- 작은 로봇 모형 또는 말 (토큰)

▶ 진행 방법:

❶ 활동 준비

1. 명령어 카드 제작 :

- 각 팀은 A4 용지를 사용하여 간단한 명령어 카드를 만듭니다.
- 명령어 예시: 앞으로 한 칸 이동, 왼쪽으로 90도 회전, 오른쪽으로 90도 회전, 뒤로 한 칸 이동 등.
- 각 명령어는 한 장의 카드에 적습니다.

2. 미로 준비 :

- 큰 종이에 미로 모양을 그려 놓습니다.
- 시작점과 끝점을 명확히 표시합니다.
- 미로는 간단한 구조로 시작하여 점점 복잡하게 만들 수 있습니다.

❷ 활동 설명

1. 활동 규칙 설명 :

- 각 팀은 명령어 카드를 사용하여 로봇 모형을 미로의 시작점에서 끝점까지 이동시켜야 합니다.

- 팀원들은 번갈아 가며 한 장의 명령어 카드를 선택하여 로봇 모형에 명령을 내립니다.
- 명령어 카드에 적힌 명령을 로봇 모형에 적용하여 미로를 이동시킵니다.
- 잘못된 명령어로 인해 로봇이 벽에 부딪히거나 잘못된 길로 가면, 해당 명령어를 수정하여 다시 시도합니다.

2. 팀 구성 :

- 학생들을 2~4명 정도의 팀으로 구성합니다.

3. 준비물 배부 :

- 각 팀에 명령어 카드 세트와 로봇 모형, 미로가 그려진 종이를 나누어줍니다.

❸ 활동 시작

- 모든 팀이 준비되면 시작 신호를 외치고 활동을 시작합니다.
- 팀원들은 번갈아 가며 명령어 카드를 선택하고, 로봇 모형을 이동시킵니다.
- 팀원 간의 협력을 통해 로봇을 올바르게 이동시키기 위해 필요한 명령어를 찾아야 합니다.

❹ 활동 종료

- 주어진 시간이 지나면 활동 종료를 선언합니다.
- 각 팀의 로봇이 미로의 끝점에 도달했는지 확인합니다.

❺ 결과 발표 및 공유

- 최종 상위권 팀의 학생들을 앞으로 불러내어, 어떤 명령어 전략을 사용했는지 경험을 공유합니다.
- 다른 팀들도 각자의 방법과 경험을 공유하도록 유도합니다.

활동 설명 : "이번 활동은 로봇 모형을 사용하여 미로를 탈출하는 것입니다. 각 팀은 명령어 카드를 사용하여 로봇을 시작점에서 끝점까지 이동시켜야 합니다. 한 번에 한 장의 명령어 카드를 사용하여 로봇을 움직이고, 팀원 간의 협력을 통해 올바른 명령어를 찾아내세요. 제한 시간 내에 가장 빨리 미로를 탈출하는 팀이 우승합니다."

활동 5 반복문을 활용한 로봇 미션

활동 목표 : 반복문의 개념을 이해하고, 반복문을 활용하여 로봇을 프로그래밍하는 재미있는 활동을 통해 논리적 사고와 문제 해결 능력을 기르는 것을 목표로 합니다.

팀 구성 : 3~4명

준비물 :

- 큰 종이 또는 보드 (10x10 그리드)
- 로봇 역할을 할 학생 한 명 또는 로봇 모형 (작은 장난감 로봇 등)
- 명령 카드 (앞으로, 뒤로, 왼쪽, 오른쪽)
- 컬러 테이프 또는 스티커 (목적지 표시용)
- 타이머

진행 방법 :

❶ 활동 준비

1. 미션 보드 준비 :

- 큰 종이나 보드에 10x10 그리드를 그립니다.
- 각 팀에게 동일한 미션 보드를 제공합니다.
- 그리드의 특정 위치에 컬러 테이프나 스티커로 목적지를 표시합니다.

2. 명령 카드 준비 :

- '앞으로', '뒤로', '왼쪽', '오른쪽' 명령이 적힌 카드를 여러 장 준비합니다.

❷ 활동 설명

1. 활동 규칙 설명 :

- 팀원들은 로봇(또는 로봇 역할을 할 학생)을 시작 위치에서 목적지로 이동시키기 위해 반복문을 사용한 명령을 작성해야 합니다.

- 각 명령은 명령 카드를 사용하여 작성합니다.
- 반복문을 사용하여 동일한 명령을 여러 번 반복할 수 있습니다.

3. 팀 구성 :

- 학생들을 3~4명 정도의 팀으로 구성합니다.

4. 준비물 배부 :

- 각 팀에 미션 보드와 명령 카드를 나누어줍니다.

❸ 활동 시작

1. 미션 부여 :

- 각 팀에게 로봇을 시작 위치에서 목적지로 이동시키는 미션을 부여합니다.

2. 반복문 설명 :

- 반복문이 동일한 명령을 여러 번 반복 수행할 수 있도록 돕는다는 것을 설명합니다.
- 예를 들어, "앞으로 5번 이동"과 같은 명령을 반복문으로 작성하는 방법을 설명합니다.

3. 활동 진행 :

- 팀원들은 협력하여 로봇을 목적지로 이동시키기 위한 명령을 작성합니다.
- 명령 카드를 사용하여 명령을 작성하고, 반복문을 활용하여 명령을 최적화합니다.
- 로봇 역할을 하는 학생이 팀의 명령에 따라 움직입니다.
- 타이머를 설정하여 주어진 시간 내에 미션을 완료하도록 합니다.

❹ 활동 종료

- 주어진 시간이 지나면 활동 종료를 선언합니다.
- 각 팀의 명령이 올바른지 확인하고, 로봇이 목적지에 도달했는지 검사합니다.

❺ 결과 발표 및 공유

- 각 팀의 결과를 발표하고, 어떤 반복문 전략을 사용했는지 설명합니다.
- 다른 팀들의 전략과 경험을 공유하고 피드백을 나눕니다.

활동 설명 : "이번 활동은 로봇을 프로그래밍하여 시작 위치에서 목적지로 이동시키는 것입니다. 여러분은 명령 카드를 사용하여 로봇에게 명령을 내릴 수 있습니다. 반복문을 사용하면 동일한 명령을 여러 번 반복 수행할 수 있습니다. 예를 들어, '앞으로 5번 이동'과 같이 명령을 작성할 수 있습니다. 주어진 시간 내에 로봇을 목적지로 이동시키고, 어떤 전략을 사용했는지 설명해 주세요."

▶ 진행 예제 :

1. 시작 신호 후 팀별로 명령을 작성합니다.
2. 예시 명령: "앞으로 3번 이동, 오른쪽으로 2번 이동"
3. 로봇 역할을 하는 학생이 명령에 따라 움직입니다.
4. 시간이 지나면 모든 팀의 결과를 확인하고 발표합니다.
5. 우승 팀의 전략을 공유하고, 다른 팀들도 각자의 방법을 설명하며 피드백을 나눕니다.

이 활동을 통해 학생들은 반복문의 개념을 체험적으로 이해하고, 반복문을 활용하여 문제를 해결하는 능력을 기를 수 있습니다.

활동 6 조건문을 활용한 미로 탈출

- **활동 목표 : 조건문의 개념을 이해하고, 조건문을 활용하여 논리적으로 문제를 해결하는 능력을 기르는 것을 목표로 합니다.**
- **팀 구성 : 3~4명**
- **준비물 :**
  - 큰 종이 또는 보드 (10x10 그리드)
  - 캐릭터 역할을 할 학생 한 명 또는 캐릭터 모형 (작은 장난감 인형 등)
  - 명령 카드 (앞으로, 뒤로, 왼쪽, 오른쪽, 조건문 카드: "만약 [조건]이라면 [명령]")
  - 컬러 테이프 또는 스티커 (장애물 및 출구 표시용)
  - 타이머
- **진행 방법 :**

❶ 활동 준비

1. 미로 보드 준비 :

- 큰 종이나 보드에 10x10 그리드를 그립니다.
- 각 팀에게 동일한 미로 보드를 제공합니다.
- 그리드의 특정 위치에 컬러 테이프나 스티커로 장애물과 출구를 표시합니다.

2. 명령 카드 준비 :

- '앞으로', '뒤로', '왼쪽', '오른쪽' 명령과 조건문 카드(예: "만약 앞에 장애물이 없다면 앞으로 이동")를 여러 장 준비합니다.

❷ 활동 설명

1. 활동 규칙 설명 :

- 팀원들은 캐릭터를 시작 위치에서 출구로 이동시키기 위해 조건문을 사용한 명령을 작성해야 합니다.
- 각 명령은 명령 카드와 조건문 카드를 사용하여 작성합니다.
- 조건문을 사용하여 특정 조건에 따라 명령을 수행할 수 있습니다.

2. 팀 구성 :

- 학생들을 3-4명 정도의 팀으로 구성합니다.

3. 준비물 배부 :

- 각 팀에 미로 보드와 명령 카드를 나누어줍니다.

❸ 활동 시작

1. 미션 부여 :

- 각 팀에게 캐릭터를 시작 위치에서 출구로 이동시키는 미션을 부여합니다.

2. 조건문 설명 :

- 조건문이 특정 조건에 따라 명령을 수행할 수 있도록 돕는다는 것을 설명합니다.

- 예를 들어, "만약 앞에 장애물이 없다면 앞으로 이동"과 같은 조건문을 설명합니다.

3. 활동 진행 :

- 팀원들은 협력하여 캐릭터를 출구로 이동시키기 위한 명령을 작성합니다.

- 명령 카드를 사용하여 명령을 작성하고, 조건문 카드를 활용하여 조건에 따라 명령을 수행합니다.

- 캐릭터 역할을 하는 학생이 팀의 명령에 따라 움직입니다.

- 타이머를 설정하여 주어진 시간 내에 미션을 완료하도록 합니다.

❹ 활동 종료

- 주어진 시간이 지나면 활동 종료를 선언합니다.

- 각 팀의 명령이 올바른지 확인하고, 캐릭터가 출구에 도달했는지 검사합니다.

❺ 결과 발표 및 공유

- 각 팀의 결과를 발표하고, 어떤 조건문 전략을 사용했는지 설명합니다.

- 다른 팀들의 전략과 경험을 공유하고 피드백을 나눕니다.

활동 설명 : “이번 활동은 캐릭터를 미로를 통해 출구로 이동시키는 것입니다. 여러분은 명령 카드와 조건문 카드를 사용하여 캐릭터에게 명령을 내릴 수 있습니다. 조건문을 사용하면 특정 조건에 따라 명령을 수행할 수 있습니다. 예를 들어, '만약 앞에 장애물이 없다면 앞으로 이동'과 같이 명령을 작성할 수 있습니다. 주어진 시간 내에 캐릭터를 출구로 이동시키고, 어떤 전략을 사용했는지 설명해 주세요.”

이 활동을 통해 학생들은 조건문의 개념을 체험적으로 이해하고, 조건문을 활용하여 문제를 해결하는 능력을 기를 수 있습니다.

활동 7 조건문과 반복문을 통한 로봇 경주

활동 목표 : 조건문과 반복문의 개념을 이해하고, 이를 활용하여 논리적으로 문제를 해결하는 능력을 기르는 것을 목표로 합니다.

팀 구성 : 3~4명

준비물 :

- 큰 종이 또는 보드 (10x10 그리드)
- 로봇 역할을 할 학생 한 명 또는 로봇 모형 (작은 장난감 인형 등)
- 명령 카드 (앞으로, 뒤로, 왼쪽, 오른쪽, 조건문 카드: "만약 [조건]이라면 [명령]")
- 반복문 카드 (반복: "반복 [n번] [명령]")
- 컬러 테이프 또는 스티커 (장애물 및 출구 표시용)
- 타이머

진행 방법:

❶ 활동 준비

1. 경주 보드 준비 :

- 큰 종이 또는 보드에 10x10 그리드를 그립니다.
- 각 팀에게 동일한 경주 보드를 제공합니다.
- 그리드의 특정 위치에 컬러 테이프나 스티커로 장애물과 출구를 표시합니다.

2. 명령 카드 준비 :

- '앞으로', '뒤로', '왼쪽', '오른쪽' 명령과 조건문 카드(예: "만약 앞에 장애물이 없다면 앞으로 이동") 및 반복문 카드(예: "반복 3번 앞으로 이동")를 여러 장 준비합니다.

❷ 활동 설명

1. 활동 규칙 설명 :

- 팀원들은 로봇을 시작 위치에서 출구로 이동시키기 위해 조건문과 반복문을 사용한 명령을 작성해야 합니다.
- 각 명령은 명령 카드와 조건문 및 반복문 카드를 사용하여 작성합니다.
- 조건문을 사용하여 특정 조건에 따라 명령을 수행하고, 반복문을 사용하여 명령을 반복할 수 있습니다.

2. 팀 구성 :

- 학생들을 3~4명 정도의 팀으로 구성합니다.

3. 준비물 배부 :

- 각 팀에 경주 보드와 명령 카드를 나누어줍니다.

❸ 활동 시작

1. 미션 부여 :

- 각 팀에게 로봇을 시작 위치에서 출구로 이동시키는 미션을 부여합니다.

2. 조건문 및 반복문 설명 :

- 조건문이 특정 조건에 따라 명령을 수행할 수 있도록 돕는다는 것을 설명합니다.
- 반복문이 특정 명령을 여러 번 반복할 수 있도록 돕는다는 것을 설명합니다.

3. 활동 진행 :

- 팀원들은 협력하여 로봇을 출구로 이동시키기 위한 명령을 작성합니다.
- 명령 카드를 사용하여 명령을 작성하고, 조건문 및 반복문 카드를 활용하여 명령을 수행합니다.
- 로봇 역할을 하는 학생이 팀의 명령에 따라 움직입니다.
- 타이머를 설정하여 주어진 시간 내에 미션을 완료하도록 합니다.

❹ 활동 종료

- 주어진 시간이 지나면 활동 종료를 선언합니다.
- 각 팀의 명령이 올바른지 확인하고, 로봇이 출구에 도달했는지 검사합니다.

❺ 결과 발표 및 공유

각 팀의 결과를 발표하고, 어떤 조건문과 반복문 전략을 사용했는지 설명합니다.

다른 팀들의 전략과 경험을 공유하고 피드백을 나눕니다.

활동 설명: "이번 활동은 로봇을 경주 보드를 통해 출구로 이동시키는 것입니다. 여러분은 명령 카드와 조건문, 반복문 카드를 사용하여 로봇에게 명령을 내릴 수 있습니다. 조건문을 사용하면 특정 조건에 따라 명령을 수행할 수 있고, 반복문을 사용하면 특정 명령을 여러 번 반복할 수 있습니다. 주어진 시간 내에 로봇을 출구로 이동시키고, 어떤 전략을 사용했는지 설명해 주세요."

이 활동을 통해 학생들은 조건문과 반복문의 개념을 체험적으로 이해하고, 이를 활용하여 논리적으로 문제를 해결하는 능력을 기를 수 있습니다.

활동 8 스택 피자 만들기

활동 목표 : 스택의 개념을 이해하고, 후입선출(Last In, First Out) 원리를 체험하면서 재미있게 배우는 것을 목표로 합니다.

팀 구성: 3~5명

준비물:

- 플라스틱 접시 또는 도마 1개 (팀별로)
- 다양한 토핑 재료(종이 또는 플라스틱 토핑 모형, 페퍼로니, 양파, 피망, 올리브 등)
- 포스트잇 또는 작은 카드 (명령어 작성용)
- 타이머 또는 스톱워치
- 주사위 1개 (명령어 결정용)

진행 방법:

❶ 활동 준비

1. 토핑 준비 :

- 각 팀에게 피자 토핑 모형(종이 또는 플라스틱)을 나누어 줍니다.
- 각 토핑에는 숫자나 특정 색깔이 적혀 있습니다.

2. 활동 공간 준비 :

- 피자를 쌓고 제거할 수 있는 충분한 공간을 마련합니다 (테이블이나 큰 접시).

❷ 활동 설명

1. 스택 개념 설명 :

- 스택은 데이터를 쌓아 올리는 자료구조로, 마지막에 추가된 데이터가 가장 먼저 제거되는 후입선출(Last In, First Out) 원리를 설명합니다.
- 예를 들어, 피자를 만들 때 마지막으로 올린 토핑이 가장 먼저 제거되는 것처럼, 스택에서는 가장 최근에 추가된 항목이 가장 먼저 제거됩니다.

❸ 활동 시작

1. 게임 규칙 설명 :

- 각 팀은 주사위를 굴려 나오는 숫자에 따라 특정 토핑을 피자에 쌓습니다.
- 주사위를 굴려 특정 명령어가 나오면 해당 명령에 따라 토핑을 제거합니다.
- 모든 토핑을 가장 먼저 제거하는 팀이 승리합니다.

2. 토핑 쌓기 :

- 각 팀은 주사위를 굴려 나온 숫자에 해당하는 토핑을 피자에 쌓습니다.
- 예를 들어, 주사위에서 3이 나오면 숫자 3이 적힌 토핑을 쌓습니다.

3. 토핑 제거 :

- 특정 조건에 따라 토핑을 제거하는 명령어를 작성하여 포스트잇에 붙입니다.
- 예를 들어, "주사위에서 6이 나오면 마지막으로 쌓은 토핑을 제거하세요"와 같은 명령어를 작성합니다.
- 주사위를 굴려 명령어에 해당하는 숫자가 나오면 해당 토핑을 제거합니다.

❹ 활동 종료

1. 우승 팀 선정 :

- 모든 토핑을 가장 먼저 제거한 팀이 우승합니다.
- 각 팀의 성과를 확인하고, 스택의 후입선출 원리를 다시 한 번 설명합니다.

❺ 결과 발표 및 공유

1. 활동 피드백 :

- 각 팀의 활동 결과를 공유하고, 스택의 개념을 이해했는지 확인합니다.
- 스택의 응용 사례를 논의하고, 일상에서 어떻게 활용될 수 있는지 이야기합니다.

활동 설명: "이번 활동은 스택의 개념을 이해하는 것입니다. 스택은 데이터를 쌓아 올리고, 마지막에 추가된 데이터가 가장 먼저 제거되는 후입선출 원리를 따릅니다. 피자를 만들 때 토핑을 쌓고, 주사위를 굴려 나온 숫자에 따라 토핑을 제거하면서 스택의 개념을 체험해 보세요."

진행 예제 :

1. 첫 번째 팀원이 주사위를 굴려 숫자 3이 나왔습니다.
2. 팀원이 숫자 3이 적힌 토핑을 피자에 쌓습니다.
3. 두 번째 팀원이 주사위를 굴려 숫자 5가 나왔습니다.
4. 팀원이 숫자 5가 적힌 토핑을 피자에 쌓습니다.
5. 주사위에서 6이 나오면 "마지막으로 쌓은 토핑을 제거하세요"라는 명령어에 따라 가장 최근에 쌓은 숫자 5 토핑을 제거합니다.
6. 이 과정을 반복하여 모든 토핑을 가장 먼저 제거한 팀이 우승합니다.

이 활동을 통해 학생들은 스택의 개념을 체험적으로 이해하고, 후입선출 원리를 경험하면서 재미있게 배울 수 있습니다.

활동 9 큐의 개념을 배우는 "큐 택시"

활동 목표 : 큐의 선입선출(First In, First Out) 원리를 이해하고, 실제 생활에서 큐의 개념을 체험하는 것을 목표로 합니다.

팀 구성 : 5~10명

준비물 :

- 색깔 종이(승객 역할) 각 팀별 10장
- 택시 역할을 할 큰 종이 상자 또는 박스 1개
- 타이머 또는 스톱워치
- 마커 (이름 또는 번호를 쓰기 위해)

진행 방법 :

❶ 활동 준비

1. 승객 준비 :

- 각 학생에게 색깔 종이를 나누어 주고, 종이에 이름이나 번호를 씁니다.
- 학생들은 승객 역할을 하며, 각각의 승객이 큐의 요소가 됩니다.

2. 택시 준비 :

- 큰 종이 상자나 박스를 택시로 사용합니다.
- 택시는 한 번에 한 명의 승객만 태울 수 있습니다.

❷ 활동 설명

1. 큐 개념 설명 :

- 큐는 데이터를 줄 세워 보관하는 자료구조로, 먼저 들어온 데이터가 먼저 나가는 선입선출(First In, First Out) 원리를 설명합니다.
- 예를 들어, 택시 정류장에서 먼저 줄 선 사람이 먼저 택시에 타고, 먼저 내리는 것과 같다고 설명합니다.

❸ 활동 시작

1. 게임 규칙 설명 :

- 학생들은 줄을 서서 택시를 기다립니다. 첫 번째 줄 선 학생이 택시에 타고, 다음 학생이 그 뒤를 잇습니다.
- 택시는 한 번에 한 명의 승객만 태우고, 정해진 장소(지정된 지점)로 이동한 후 승객을 내려줍니다.
- 내려준 후, 다음 승객을 태우러 돌아옵니다.
- 이 과정을 반복하여 모든 승객이 한 번씩 택시를 타고 내리게 합니다.

2. 택시 운행 :

- 첫 번째 학생이 택시에 탑승합니다.
- 택시는 정해진 장소로 이동한 후, 승객을 내려줍니다.
- 택시는 다시 출발지로 돌아와 다음 학생을 태웁니다.
- 이 과정을 모든 학생이 한 번씩 택시를 탈 때까지 반복합니다.

❹ 활동 종료

1. 활동 결과 확인 :

- 모든 학생이 택시를 타고 내렸는지 확인합니다.
- 큐의 선입선출 원리를 다시 한 번 설명합니다.

❺ 결과 발표 및 공유

1. 활동 피드백 :

- 학생들과 함께 큐의 개념을 이해했는지 확인합니다.
- 큐의 응용 사례를 논의하고, 일상에서 어떻게 활용될 수 있는지 이야기합니다.

활동 설명 : "이번 활동은 큐의 개념을 이해하는 것입니다. 큐는 데이터를 줄 세워 보관하고, 먼저 들어온 데이터가 먼저 나가는 선입선출 원리를 따릅니다. 택시 정류장에서 먼저 줄 선 사람이 먼저 택시에 타고, 먼저 내리는 것과 같습니다. 이제 각자 승객 역할을 하고 택시에 차례로 탑승해 보세요."

진행 예제 :

1. 첫 번째 학생이 택시에 탑승합니다.
2. 택시는 지정된 장소로 이동하여 첫 번째 학생을 내려줍니다.
3. 택시는 다시 출발지로 돌아와 두 번째 학생을 태웁니다.
4. 이 과정을 모든 학생이 한 번씩 택시를 탈 때까지 반복합니다.

이 활동을 통해 학생들은 큐의 개념을 체험적으로 이해하고, 선입선출 원리를 경험하면서 재미있게 배울 수 있습니다.